Gerald Drews
und Erich Paulmichl

Lexikon der *schlag*fertigen Sprüche

Gerald Drews
und Erich Paulmichl

Lexikon
der *schlag*fertigen Sprüche

Augustus Verlag

Gerald Drews, Autor von über 50 weit verbreiteten Büchern, ist vor allem durch seine witzig-informativen Ratgeber bekanntgeworden.

Erich Paulmichl hat diesen Band illustriert und den Umschlag gestaltet. Er ist Cartoonist und Karikaturist und zählt zu den meistveröffentlichten politischen Zeichnern in Deutschland.

Die Deutsche Bibliothek – CIP-Einheitsaufnahme

Drews, Gerald:
Lexikon der schlagfertigen Sprüche / Gerald Drews und Erich Paulmichl. – Augsburg : Augustus-Verl., 1995
ISBN 3-8043-3035-5
NE: Paulmichl, Erich:; HST

Augustus Verlag, Augsburg

Redaktion: Dr. Marianne Jabs
Zeichnungen: Erich Paulmichl, Augsburg und
Hemy Kröll, Augsburg
Umschlaggestaltung: Erich Paulmichl, Augsburg
Satz und Reproduktionen: Gesetzt aus der
10/12 p Frutiger Light, von Uhl + Massopust, Aalen
Druck und Bindung: Ueberreuter, Korneuburg
Printed in Austria
ISBN 3-8043-3035-5

Inhalt

Vorwort:

Schlagfertigkeit ist das, was einem erst zu Hause einfällt

Neidisch könnte man werden, wenn man mit manchen Zeitgenossen am Stammtisch sitzt. Denn in jeder Runde gibt es ein paar Spaßvögel, denen zu fast jedem Stichwort sofort eine witzige Bemerkung einfällt. Alle lachen, man selbst eingeschlossen – aber irgendwie hätte man doch auch gern mal die Lacher auf seiner Seite. Denn die Schlagfertigen zählen im allgemeinen zu den Bewunderten – oder wenigstens zu den Gefürchteten. Ach wäre man selbst doch auch nur so ein spontaner, vor Witz und Ironie sprühender Mensch, der keine Antwort schuldig bleibt!
Und dann passiert's. Auf dem Nachhauseweg. Oder unter der Dusche. Oder wenn man im Bett liegt: Plötzlich ist sie da, die richtige Idee, der treffende Satz, die launige Bemerkung. Nur: Was will sie jetzt? Wem hilft sie, wo man doch jetzt allein ist und keiner da, der über den Spruch lacht und den Sprüchemacher bewundert? Und man beginnt, sich über sich selbst zu ärgern.
Genau das aber sollten Sie nicht tun. Denn glauben Sie nicht, es ginge nur Ihnen allein so. Im Gegenteil: Über die Suche nach dem schnellen, spontanen Wortwitz haben sich schon ganz andere den Kopf zerbrochen – und ganz berühmte Persönlichkeiten waren darunter. Sogar der amerikanische Schriftsteller Mark Twain kam irgendwann einmal zu der eher resignierten Erkenntnis:
Schlagfertigkeit ist etwas, worauf du erst 24 Stunden später kommst.
Ja, könnte man sagen, und was ist mit all den Entertainern, mal auf der TV-Mattscheibe, mal auf der Bühne, denen die lustigen und schnellen Reaktionen doch im

wahrsten Sinne des Wortes auf der Zunge zu liegen scheinen?
Nur keinen Neid – das können Sie bald auch. Denn es ist beileibe nicht so, daß es sich da ausschließlich um ein Naturtalent und eine angeborene Begabung handelt. Gerade im Fernsehen sind die witzigen, scheinbar so spontanen Sprüche oft bis aufs i-Tüpfelchen vorbereitet. Horden von Gag-Schreibern umgeben den Star, bewaffnen ihn mit witzigen Sprüchen für alle Gelegenheiten. Gelegentlich kommt es vor, daß solche Autoren auch einmal aus der Anonymität heraustreten: Woody Allen war, ehe er zum berühmten Regisseur und Schauspieler wurde, Witze-Lieferant für andere Entertainer. Der berühmte deutsche Satiriker Robert Gernhardt dürfte als geistiger Vater unzähliger Scherze des hibbeligen Otto Waalkes vermutlich mehr Geld verdient haben als mit seinen eigenen Büchern.
Sie sehen also: Die Schlagfertigkeit kann erlernt und trainiert werden, wenn man nur ihre Regeln kennt. Ein Landsmann von Mark Twain, der Schriftsteller Elbert Hubbard, hat dieses Prinzip durchschaut:
Schlagfertig ist jede Antwort, die so klug ist, daß der Zuhörer wünscht, er hätte sie gegeben.
Wie das geht, und was da überhaupt geht, wollen wir Ihnen in diesem Buch zeigen – und gleich eine Fülle von Vorlagen für alle möglichen und unmöglichen Gelegenheiten mitliefern.
Das Dumme dabei ist nur, daß uns wahrscheinlich die besten Sprüche auch erst wieder einfallen werden, wenn dieses Buch gerade frisch gedruckt sein wird. Aber wir werden dann unseren Verlag sicher davon überzeugen können, ein zweites Buch mit schlagfertigen Sprüchen zu machen. Und natürlich Sie, liebe Leserin, lieber Leser, davon, daß Sie unsere blitzgescheiten Eingebungen uuunbedingt brauchen. Nicht wahr?

Die Autoren

Worüber wir reden und wie es geht:

Schlagfertigkeit ist die Beleidigung, die einen Frack trägt

Plötzlich lachen alle über den flott dahingesagten Satz, und wir wünschen uns, er wäre über unsere Lippen gekommen – aber Hand aufs Herz: Hätten wir diesen Satz wirklich ausgesprochen? Hätten wir den Mut gehabt, ihn mitten in die Runde, vielleicht sogar in einen vollen Saal platzen zu lassen? Das ist nämlich schon die halbe Miete bei der Schlagfertigkeit:
Es kommt nicht nur darauf an, was man sagt, sondern daß man es sagt.
Und dies ist denn auch gleich die wichtigste Erklärung dafür, warum es völlig falsch ist, Entertainer im Fernsehen, Moderatoren in Talkshows oder Conférenciers auf der Bühne wegen ihrer Schlagfertigkeit zu beneiden. Von ihnen nämlich erwarten wir, daß sie mehr oder minder flache Sprüche bringen, daß sie anderen einfach ins Wort fallen, daß sie sich selbst in den Mittelpunkt rücken. Das ist ihr Job. Jedenfalls meinen das die meisten dieser Sprücheklopfer.
Wir dagegen müssen erst mal unseren ganzen Mut zusammennehmen, um die Hemmschwelle einfach zu überspringen. Da nämlich liegt das Hauptproblem: Wir müssen plötzlich die Sicherheit aufgeben, die wir als Angehörige einer Schar Namenloser in der Tiefe des Raumes empfinden.
Spätestens in diesem Moment schalten nun in unserem Gehirn alle Warnlampen auf Rot:

Kann man das wirklich sagen?
Kann ich das wirklich sagen?
Kann ich das wirklich so sagen?
Kann ich das noch anders, besser sagen…

...und schon ist die Chance vertan, die Gelegenheit ist weg, der Satz, den wir doch schon auf der Zunge hatten, wäre nun schon zu spät und unpassend – also schlucken wir ihn herunter. Und längst hat sich das Gespräch, hat sich die Situation in eine Richtung verlagert, in der unser witziger Spruch jetzt völlig unpassend wäre.

Und damit sind wir auch schon beim zweitwichtigsten Punkt in Sachen Schlagfertigkeit. Nämlich der Frage, was man sagen kann – und darf. Der amerikanische Satiriker Ambrose Bierce hat dafür dankenswerterweise einen Anhaltspunkt geliefert:

Schlagfertigkeit ist eine Erwiderung in Form einer vorsichtigen Beleidigung.

Moment mal, möchte man jetzt rufen – eine Beleidigung? Ja, genau so ist es. Anhand der schnell heruntergespulten Schlagfertigkeiten, die wir aus dem Fernsehen oder von der Bühne her kennen, können Sie's sofort überprüfen: Fast immer sind es kleine Gehässigkeiten, Frotzeleien oder eindeutige Zweideutigkeiten, die sich hinter der Schlagfertigkeit verbergen. Und mit der auf nichts anderes gezielt wird als auf den Nerv, der uns am schnellsten auf jeden noch so flachen Witz mit lautem Lachen reagieren läßt: Es ist die Schadenfreude, die da in uns angesprochen wird. Schon bei den alten Römern hieß es:

Es ist besser, einen Freund zu verlieren als eine Pointe zu verschenken.

Achten Sie doch bei nächster Gelegenheit einfach mal darauf, woraus sich die Schlagfertigkeiten in den meisten Fällen zusammensetzen. Große Geistesblitze oder gekonnte Wortspielereien sind selten. Viel eher verliert der Talkmaster über die Kleidung oder die Figur seines Gastes eine passend-unpassende Bemerkung. Und der Conférencier sucht sich ein »Opfer« in der ersten Reihe, auf dessen Kosten er seine – in der Garderobe sorgsam eingeübten – Späßchen macht. Am Ende ist es schon fast egal, was gesagt wird – die Situation macht die Komik.

Schlagfertigkeiten sind nichts anderes als lange fertige Schläge.
Das beste Beispiel dafür liefert uns das Fernsehen. Was da scheinbar locker und spontan über die Mattscheibe kommt, sind oft nichts anderes als mühevoll vorgedachte Szenen, von Profi-Witzerfindern geschrieben und mit den Menschen, die schließlich vor der Kamera stehen, sorgfältig einstudiert. Auf ein Stichwort kommt der auswendig gelernte Satz. Lustig, aber nicht spontan.
Und selbst in den Talkshows, in denen es viel schwieriger ist, die Gags vorher mit den fernseh-ungeübten Gästen zu trainieren, sind die schlagfertigen Profis bestens vorbereitet. Sie bewegen sich schließlich nicht auf einem Blindflug durch luftleeren Raum, sondern sie kennen

das Thema,
die Person und
die wahrscheinlichen Reaktionen des Publikums.

Außerdem können sie über geschickte Fragen bestimmte Gesprächswendungen herbeiführen – und wissen damit bereits zu 75 Prozent, welche Aussagen überhaupt gemacht werden. Da fällt es dann wirklich nicht mehr schwer, sich schon vorab zu ein paar Stichworten, die garantiert fallen oder die man abrufen kann, ein paar flotte Sätze einzuprägen. Schon Aristoteles hat gesagt:
Die Rede ist die Kunst, Glauben zu erwecken.
Für uns kann diese Erkenntnis nur bedeuten: Bei schlagfertigen Sprüchen genügt es schon, den Glauben zu erwecken, sie kämen spontan und unvorbereitet. Tatsächlich aber ist alles planbar und vorzubereiten. Zum Glück für uns.

Feine Unterschiede, die man kennen sollte:

Schlagfertigkeiten zielen fast immer in die Nähe der Gürtellinie

Hoffentlich haben Sie jetzt keinen Schreck bekommen: Schlagfertigkeiten als verkleidete Beleidigungen, als Schläge unter die Gürtellinie – das ist Ihnen womöglich doch ein Tick zuviel? Kein Problem, denn natürlich muß man nicht ausgerechnet mit diesen Übungen für Fortgeschrittene beginnen. Gerade für den Anfang bieten sich auch harmlosere Varianten an.
Denn schließlich gibt es bei Schlagfertigkeiten vier verschiedene Härtegrade mit mehr oder weniger fließenden Grenzen. Dieser Einteilung folgend, haben wir die weiteren Kapitel dieses Buches aufgebaut. Und Sie werden feststellen, daß sich gerade für den Anfang eher die harmlosere Wortmunition für Probeschüsse eignet. Da können Sie erst mal Ihre Treffsicherheit testen, ehe Sie dann wirklich mit den schärferen Gag-Granaten auf oder sogar unter die Gürtellinie zielen.
Aber nicht nur von Ihrem persönlichen Übungsstand in Sachen Schlagfertigkeiten sollten Sie die Wahl des richtigen Spruches abhängig machen. Es kommt schließlich auch auf die Gelegenheit an. Denn schon vor hundert Jahren warnten die »Fliegenden Blätter«:
Der Witz ist ein zündender Funke, an dem sich schon mancher die Finger verbrannt hat.
Das ist einleuchtend – denn es wäre mehr als unpassend, auf der Jubiläumsfeier des Chefs in einer eher zurückhaltenden Runde zu einem verbalen Tiefschlag anzusetzen. Da verbrennt man sich nicht nur die Finger, sondern zugleich auch den Mund – und wahrscheinlich verglühen sämtliche Aufstiegschancen in der Firma in Sekundenbruchteilen zu einem kleinen Häufchen schwarzer Asche.

Andererseits könnte es passieren, daß ein geistreiches Wortspiel, bestens geeignet für eben diese Feier mit dem Chef, als schlagfertiger Einwurf am Biertisch überhaupt nicht ankommt. Einfach deshalb, weil die Empfangsfrequenz der Ohren da eher auf rauhe Sprüche und flapsige Doppeldeutigkeiten eingestellt ist.
Wer sich präparieren und auf schlagfertige Sprüche gedanklich vorbereiten will, muß sich deshalb zunächst mal vor Augen halten, in welcher Runde er sein »Wortfeuerwerk« abbrennen will. Was könnte noch mit einem fröhlichen Schmunzeln quittiert werden? Ab welcher Grenze ist eher mit einem pikierten Lächeln zu rechnen?

Grundregel Nummer eins für Schlagfertige: Der Härtegrad muß richtig gewählt sein

Die vier Abstufungen, von denen wir schon kurz gesprochen haben und die Ihnen dann auch in den folgenden Kapiteln begegnen, machen Ihnen die Vorauswahl leicht. Und wenn Sie sich nicht ganz sicher sind, ob der jeweilige Härtegrad noch oberhalb der Toleranzgrenze liegt, springen Sie einfach in die nächst harmlosere Stufe. Denn es fängt ganz brav an:

Stufe 1: Nett und fast gar nicht frech

Hier handelt es sich um schlagfertige Anmerkungen oder Definitionen zu bestimmten Stichworten, um Zitate, mit denen man kaum ins Fettnäpfchen treten kann. Denn hier regiert eher der Geist als der Witz.

Stufe 2: Frech, aber trotzdem nett

Hier beginnen sich Geist und Witz zu mischen, da sind auch schon mal ein paar harmlose Doppeldeutigkeiten dabei. Aber die sind so ausgewählt, daß sich zumindest keiner der Anwesenden brüskiert fühlen kann.

Stufe 3: Gut gezielte Eigentore

Auch damit ist kaum etwas falsch zu machen, denn nun wird zwar auf die Schadenfreude der Zuhörer gebaut, aber wir beziehen den Wortwitz auf uns selbst – ohne jemand anderem auf die Füße zu treten. Das ist auch deshalb eine sehr sympathische Form der Schlagfertigkeit, weil wir auf diese Weise am besten unseren Humor unter Beweis stellen können, indem wir uns selbst auf den Arm nehmen. Merke: Selbstironie kommt bei Leuten mit Sinn für Humor immer gut an. Und andere – ach, solche kennen Sie und wir sowieso nicht…

Stufe 4: Starker Tobak für flinke Zungen

Hier ist nun kaum mehr eine Steigerungsmöglichkeit drin. Da wird gefrotzelt, was das Zeug hält, da wird unverblümt auf Schwächen gezielt, da geht fast jeder Schlag unter die Gürtellinie. Das geht natürlich nur, wenn man sein »Opfer« genau kennt und ist nur etwas für vertraute Runden oder für Gespräche unter vier Augen. Denn schließlich will man sich am nächsten Tag noch grüßen…

Grundregel Nummer zwei für Schlagfertige: Die Situationen vorher im Kopf durchspielen

Wenn erst einmal der Härtegrad gewählt ist, wird alles weitere zum Kinderspiel. Man braucht nicht viel Phantasie, um sich vorzustellen, welche Themen garantiert auf einer Party abgehandelt werden. Man muß kein Hellseher sein, um vorher zu wissen, auf welche Punkte das Gespräch in einer feinen Runde mit Sicherheit kommen wird. Und wenn ein feucht-fröhlicher Abend ins Haus steht, mit Freunden am Stammtisch, dann drehen sich Unterhaltungen sowieso um die stets gleichen Themen – und außerdem sind fast alle Anwesenden bekannt, von den meisten kennt man sogar die Humor-Schmerzgrenze.

Wer über so viele Informationen verfügt, für den ist es wirklich nicht mehr schwer, sich vorher mit ein paar flotten Sätzen zu präparieren. Vier oder fünf treffende Einwürfe genügen schließlich schon, um zum Spaßkönig des Abends zu werden. Und die sollten sich unschwer finden lassen. Denn auf den folgenden Seiten können Sie unter weit über 1000 Schlagfertigkeiten auswählen.

Die von der harmlosen Sorte:

Nett und fast gar nicht frech: Zitate als schlagfertige Anmerkungen

Hier handelt es sich um Aphorismen oder Zitate, die als schlagfertige Anmerkungen oder Definitionen zu bestimmten Stichworten wie geschaffen sind. Schaden anzurichten ist damit nahezu unmöglich. Im Gegenteil: Hier bietet sich eine Chance, gleich zwei Fliegen mit einer Klappe zu schlagen:
Man kann nicht nur seine Schlagfertigkeit unter Beweis stellen, sondern zugleich auch noch ein bißchen Bildung oder Belesenheit durchblicken lassen. Sie kennen ja bestimmt den saloppen Satz:
Lieber gut geklaut als schlecht erfunden.
Dieses Motto machen wir uns doch hier einfach mal zu eigen. Daß Sie sich nur ein paar Zitate zu Stichworten, mit denen Sie fest gerechnet haben, aus diesem Buch herausgesucht haben, brauchen Sie ja niemandem auf die Nase zu binden.
Natürlich wäre es ganz schön (und ungeheuer imponierend), wenn Sie sich nicht nur mit dem jeweiligen Ausspruch präparieren, sondern auch noch den Verfasser dazu nennen können und ein paar Dinge über ihn wissen. Auch dafür läßt sich wieder ein saloppes Motto finden:
Wenn du schon klaust, dann nimm wenigstens alles mit.
Falls Sie nun aber irgendwann im Laufe des Abends auf Ihr Stichwort warten und plötzlich feststellen, daß Sie den Verfasser des Zitats oder Aphorismus nicht mehr kennen bzw. die Befürchtung haben, ihn mit einem anderen zu verwechseln – keine Panik. Es gibt etwa 200 Namen, die im Zusammenhang mit solchen Zitaten immer wieder auftauchen – und selbst derjenige, der irgendwann einmal Literatur studiert hat, wird auf Anhieb oft nicht sagen

können, ob das entsprechende Zitat nun von diesem oder jenem stammt. Zumal manche Zitate mit minimalen Abweichungen auch verschiedenen Verfassern zugeschrieben werden.
Nur wenn Sie plötzlich einen Namen nennen, den noch nie jemand gehört hat, wird mit Sicherheit jemand stutzig. Jeremias Kartoffelkäfer zum Beispiel ist als Autor von Aphorismen bisher noch nicht genannt worden. Wie auch immer: Zitieren ist wie Pokern – meist sitzt man mit einem guten Bluff auf der Gewinnerseite:
Niemand weiß, was Sie nicht wissen.
Wenn Sie aber auch nicht die kleinste Wissenslücke offenbaren wollen, läßt sich aus der Not mit dem vergessenen Verfasser sogar eine Tugend machen: Erfinden Sie einfach einen. Schieben Sie den Satz, den Sie besonders gut finden, einfach Ihrem Hausmeister, dem Opa, dem alten Mathelehrer oder sonst jemandem zu. Kennen Sie noch Alf, den Außerirdischen? Der berief sich immer auf seine Oma Shumway. Richtig! Genau so sollten Sie es in diesem Fall tun! Es muß ja keine Oma vom Melmac sein...
Noch ein Tip: Fehlt der Autor, läßt sich auch mit dem »alten chinesischen Sprichwort« oder der »berühmten Indianerweisheit« gut arbeiten. Da soll erst mal einer beweisen, daß das genannte Zitat nicht irgendwo zwischen Peking und Tibet seinen Ursprung hatte oder eine Eingebung Manitous war!
Jetzt wäre eigentlich nur noch eine Winzigkeit zu beachten, damit der kleine Bluff mit den großen Zitaten nicht doch irgendwann auffliegt: Ihren Zitatenschatz sollten Sie laufend ein wenig vergrößern. Denn nichts wäre peinlicher, als innerhalb eines Zeitraums von mehreren Wochen in der gleichen Runde mehrmals dasselbe geflügelte Wort zu bringen. Aber die Auswahl ist groß genug – dank unserem kleinen Ratgeber.

Alt ist man erst dann, wenn man
an der Vergangenheit mehr Freude hat,
als an der Zukunft.
John Knittel, Schweizer Romanautor

Zitate als Schlagfertigkeiten zu allen Stichworten von A–Z

Alter:

Es ist ein Merkmal gesetzten Alters, wenn man von zwei Versuchungen jene wählt, die es erlaubt, um neun Uhr wieder zu Hause zu sein.

Ronald Reagan, amerikanischer Präsident

Geist ist die Jugend des Alters.

Emanuel Wertheimer, deutscher Philosoph

Anständigkeit:

...ist der Trost, der einem nach schlechten Geschäften noch bleibt.

Helmar Nahr, deutscher Wirtschaftswissenschaftler

Arbeit:

...ist oft die einzige Erholung von der Last des Daseins.

Peter Rosegger, österreichischer Schriftsteller

Aufstieg:

Steigst du nicht auf die Berge, so siehst du auch nicht in die Ferne.

Chinesisches Sprichwort

Wer den kalten Wind nicht aushält, der hat auf dem Gipfel nichts zu suchen.

Autor unbekannt – kann man also gut den Inkas oder einem alten Bergvolk der Kirgisen unterjubeln.

Ausbildung:

Ausbilder sind für die Ausbildung ausgebildete Mitarbeiter, die vom Ausbildenden beauftragt sind, Auszubildende auszubilden.

Berufsfortbildungsgesetz der Freien und Hansestadt Hamburg

Auto:

Das Auto ist jene technische Erfindung, welche die Anforderungen an die Reaktionsgeschwindigkeit der Fußgänger beträchtlich gesteigert hat.

Lothar Schmidt, deutscher Politikwissenschaftler

Beförderung:

Jede Beförderung ist zugleich auch eine Forderung.

Erhard Blanck, deutscher Schriftsteller

Beruf:

Leute, die ihren Beruf lieben, machen eine ständige Verjüngungskur durch.

Joseph Wachsberg, amerikanischer Journalist

Betrug:

Wie lang' hat sich geübt im Täuschen und im Lügen, wer endlich sagen darf: Mich kann man nicht betrügen.

Marie von Ebner-Eschenbach, österreichische Erzählerin

Bildung:

Gebildet ist, wer weiß, wo er findet, was er nicht weiß.

Georg Simmel, deutscher Philosoph

Bürokratie:

Warum sind die zehn Gebote so einfach, kurz und klar und für jedermann verständlich abgefaßt? Weil sie ohne eine Kommission aufgestellt wurden.

Charles de Gaulle, französischer Präsident

Cleverness:

… ist überall nützlich, aber nirgends ausreichend.

Henry F. Amiel, Schweizer Schriftsteller

Dilettantismus:

Wie überall, so gibt's auch hier
Genies und Dilettanten.
Könner treffen stets das Ziel,
Versager nur die Kanten.

Autor unbekannt

Ehe:

… ist ein bewaffnetes Bündnis gegen die Außenwelt.

Gilbert K. Chesterton, englischer Dichter

… ist ein Souvenir der Liebe.

Helen Rowland, amerikanische Schriftstellerin

… ist ein Versuch, zu zweit mit den Problemen fertig zu werden, die man allein nie gehabt hätte.

Eddie Cantor, amerikanischer Schriftsteller

… ist eine Einrichtung, die es dem Mann ermöglicht, ein Bier zu trinken, während seine Frau Rasen mäht.

Bibi Johns, schwedische Schlagersängerin

… ist eine Lotterie, in der die Männer ihre Freiheit und die Frauen ihr Glück aufs Spiel setzen.

Französisches Sprichwort

… ist eine polizeilich anerkannte Freundschaft.

Robert Louis Stevenson, schottischer Schriftsteller

… ist und bleibt die wichtigste Entdeckungsreise, die der Mensch unternehmen kann.

Sören Kierkegaard, dänischer Philosoph

… ist, wenn man trotzdem liebt.

Sigismund von Radecki, deutscher Erzähler

Die gute Ehe ist ein ewiger Brautstand.

Theodor Körner, deutscher Schriftsteller

In unserem monogamischen Weltteile heißt heiraten seine Rechte halbieren und seine Pflichten verdoppeln.

Arthur Schopenhauer, deutscher Philosoph

Leider haben die Heiraten etwas Tölpelhaftes: sie verderben die zartesten Verhältnisse.

Johann Wolfgang von Goethe, deutscher Dichter

Eifersucht:

… ist Angst vor dem Vergleich.

Max Frisch, Schweizer Schriftsteller

Eigenschaften:

Mögen wir noch so viele gute Eigenschaften haben – die Welt achtet vor allem auf unsere schlechten.

Jean Baptiste Molière, französischer Dichter

Einfall:

Ein guter Einfall ist wie ein Hahn am Morgen. Gleich krähen andere Hähne mit.

Karl Heinrich Waggerl, österreichischer Erzähler

Einfluß:

Menschen, die Einfluß auf andere haben wollen, müssen darauf achten, daß sie nicht zu oft zu sehen sind.

Ricarda Huch, deutsche Dichterin

Einsicht:

Lieber spät und richtig als nie und falsch.

Matthias Müller-Michaelis, deutscher Journalist

Erbe:

Was du ererbt von deinen Vätern hast, erwirb es, um es zu besitzen.

Johann Wolfgang von Goethe, deutscher Dichter

Erfahrung:

... besteht darin, daß man erfährt, was man nicht zu erfahren wünscht.

Kuno Fischer, deutscher Philosoph

... ist eine strenge Lehrmeisterin. Sie stellt zunächst die Prüfungsaufgaben und beginnt danach mit dem Unterricht.

Sprichwort unbekannter Herkunft

Man muß nicht in der Bratpfanne gelegen haben, um über ein Schnitzel zu schreiben.

Maxim Gorki, russischer Schriftsteller

... ist nicht das, was mit einem Menschen geschieht, sondern das, was er daraus macht.

Aldous Huxley, englischer Schriftsteller

Mit Blasen an den Füßen geht man bewußter.

Peter Horton, österreichischer Sänger

Erfolg:

... hat der Mensch, wenn er bei 100 Entscheidungen 51 mal das Richtige trifft.

John Pierpont Morgan, amerikanischer Bankier

Wenn A für Erfolg steht, gilt die Formel A = X+Y+Z. X ist Arbeit, Y ist Muße und Z heißt Mundhalten.

Albert Einstein, deutscher Physiker

Erziehung:

... ist alles. Der Pfirsich war einst eine Bittermandel, und der Blumenkohl ist nichts als ein Kohlkopf mit akademischer Bildung.

Mark Twain, amerikanischer Schriftsteller

Etikette:

... ist das Geräusch, das du nicht machst, während du Suppe ißt.

Autor unbekannt

... ist Gähnen mit geschlossenem Mund.

Autor unbekannt

Experte:

... ist ein Spezialist, der über etwas alles weiß und über alles andere nichts.

Ambrose Bierce, amerikanischer Journalist

Familie:

... ist das Vaterland des Herzens

Guiseppe Mazzini, italienischer Schriftsteller

... ist die älteste aller Gemeinschaften und die einzige natürliche.

Jean-Jacques Rousseau, französischer Philosoph

Familie ist Zwangsbekanntschaft!
Familienberatung e.V.

Familie ist Zwangsbekanntschaft.

Rudolf Rolfs, deutscher Satiriker

Das Wort Familienbande hat einen Beigeschmack von Wahrheit.

Karl Kraus, österreichischer Schriftsteller

Faulheit:

... ist die Angewohnheit, sich auszuruhen, bevor man müde wird.

Jules Renard, französischer Romanautor

Fehler:

Wenn ein Architekt einen Fehler macht, läßt er Efeu darüber wachsen. Wenn ein Arzt einen Fehler macht, läßt er Erde darauf schütten. Aber wenn ein Koch einen Fehler macht, gießt er ein wenig Soße darüber und behauptet, dies wäre ein neues Rezept.

Paul Bocuse, französischer Meisterkoch

Wenn ich mein Leben noch einmal leben könnte, würde ich die gleichen Fehler noch einmal machen wie beim ersten Mal. Bloß ein bißchen früher, damit ich mehr davon habe.

Marlene Dietrich, deutsche Schauspielerin

Feste:

Ein langes Leben ohne Fest ist wie ein langer Weg ohne Gasthäuser.

Demokrit, griechischer Philosoph

Mich deucht, das Größt' bei einem Fest ist,
wenn man sich's wohlschmecken läßt. (Hans Wurst)

Johann Wolfgang von Goethe, deutscher Dichter

Flirt:

… ist die Kunst, einer Frau in die Arme zu sinken, ohne ihr in die Hände zu fallen.

Sascha Guitry, französischer Schriftsteller

Frauen:

… machen sich nur deshalb so hübsch, weil das Auge des Mannes besser entwickelt ist als sein Verstand.

Doris Day, amerikanische Schauspielerin

… sind die Holzwolle in der Glaskiste des Lebens.

Kurt Tucholsky, deutscher Schriftsteller

… sind keine Raubtiere. Im Gegenteil: sie sind die Beute, die dem Raubtier auflauern.

José Ortega y Gasset, spanischer Philosoph

Wer nicht die Frauen hinter sich hat, bringt es in der Welt zu keinem Erfolg.

Oscar Wilde, irischer Dichter

Freiheit:

… ist die Wahl zwischen Arbeiten und Verhungern.

Samuel Johnson, englischer Dichter

Frei ist, wer will, was er muß.

Hans Lohberger, österreichischer Schriftsteller

Freundschaft:

… fließt aus vielen Quellen, am reinsten aber aus dem Respekt.

Daniel Defoe, englischer Schriftsteller

… ist ein Regenschirm, der den Fehler hat, daß er bei schlechtem Wetter zurückgegeben werden muß.

Pierre Véron, französischer Schriftsteller

Freundschaft ist eine Seele in zwei Körpern.

Aristoteles, griechischer Philosoph

... ist Liebe mit Verstand.

Sprichwort unbekannter Herkunft

Dasselbe wollen und dasselbe nicht wollen, das erst ist feste Freundschaft.

Cicero, römischer Politiker und Philosoph

Uneigennützige Freundschaft gibt es nur unter Leuten gleicher Einkommensklassen.

Jean Paul Getty, amerikanischer Unternehmer

Gähnen:

... zeugt zwar von schlechten Manieren, ist aber eine ehrliche Meinungsäußerung.

Unbekanntes Sprichwort

Gastgeber:

Ein Gastgeber ist wie ein Feldherr: erst wenn etwas schiefgeht, zeigt sich sein Talent.

Horaz, römischer Dichter

Gedächtnis:

... heißt das Tagebuch, welches wir immer mit uns herumtragen.

Oscar Wilde, irischer Dichter

Das Gedächtnis ist ein sonderbares Sieb: es behält alles Gute von uns und alles Üble von den anderen.

Wieslaw Brudzinski, polnischer Dichter

Geduld:

... ist die Fähigkeit, die dann, wenn man sie am meisten braucht, erschöpft ist.

Carey MacWilliams, amerikanischer Schriftsteller

Geist:

Geistreich sein heißt sich leicht verständlich machen, ohne deutlich zu werden.

Jean Anouilh, französischer Dramatiker

Geld:

... ist der sechste Sinn; der Mensch muß ihn haben, denn ohne ihn kann er die anderen fünf nicht voll ausnützen.

Somerset Maugham, englischer Schriftsteller

Geld ist zum Ausgeben da. Denn es macht wenig Sinn, später einmal die Reichste auf dem Friedhof zu sein.

Barbara Cartland, amerikanische Schriftstellerin

Wirklich genießen kann man nur Geld, das man mühsam verdient hat. Aber wenn man sein Geld mühsam verdient, hat man keine Zeit, es zu genießen.

Aldous Huxley, englischer. Schriftsteller

Genie:

... besteht immer darin, daß einem etwas Selbstverständliches zum erstenmal einfällt.

Hermann Bahr, österreichischer Schriftsteller

...ist Fleiß, sagt Goethe, aber das gilt nur dann, wenn es der Fleiß eines Genies ist.

Hans Kudszus, deutscher Schriftsteller

Gentleman:

... ist ein Mann, der eine Frau so lange beschützt, bis er mit ihr allein ist.

Woody Allen, amerikanischer Regisseur

Geschäft:

... ist immer eine Kombination von Krieg und Sport.

André Maurois, französischer Schriftsteller

Sei am Tage mit Lust bei den Geschäften, aber mache nur solche, daß du des Nachts ruhig schlafen kannst.

Thomas Mann, deutscher Schriftsteller

Geschwätzigkeit:

Viele Worte zu machen, um wenige Gedanken mitzuteilen, ist überall das untrügliche Zeichen von Mittelmäßigkeit.

Arthur Schopenhauer, deutscher Philosoph

Gesichter:

... sind die Lesebücher des Lebens.

Federico Fellini, italienischer Regisseur

Gesundheit:

Ich möchte nicht, daß es mir so geht wie vielen, die erst mit ihrer Gesundheit hinter dem Geld herjagen und dann später mit dem Geld hinter der Gesundheit.

Gerhard Kubetschek, deutscher Aphoristiker

Glück:

... heißt, kratzen können, wo es dich juckt.

Ogden Nash, amerikanischer Dichter

… ist der Stuhl, der plötzlich dasteht, wenn man sich zwischen zwei andere setzen wollte.

Sprichwort unbekannter Herkunft

… ist etwas, das man zum erstenmal wahrnimmt, wenn es sich mit großem Getöse verabschiedet.

Marcel Achard, französischer Dramatiker

… ist Liebe, nichts anderes. Wer lieben kann, ist glücklich.

Hermann Hesse, deutscher Schriftsteller

Alles, was die Seele durcheinanderrüttelt, ist Glück.

Arthur Schnitzler, österreichischer Schriftsteller

Sich glücklich fühlen können, auch ohne Glück – das ist Glück.

Marie von Ebner-Eschenbach, österreichische Schriftstellerin

Größe:

Ein wahrhaft großer Mann wird weder einen Wurm zertreten noch vor dem Kaiser kriechen.

Benjamin Franklin, amerikanischer Politiker

Ein Zwerg auf den Schultern eines Riesen kann weiter sehen als der Riese.

Hans Jakob Wilhelm Heinse, deutscher Schriftsteller

Güte:

… ist, wenn man das leise tut, was die anderen laut sagen.

Friedl Beutelrock, deutsche Schriftstellerin

Heimat:

… ist der Mensch, dessen Wesen wir vernehmen und erreichen.

Max Frisch, Schweizer Schriftsteller

Held:

Nicht der, der kämpft, ist ein Held, sondern der, der dort kämpft, wo ihn niemand sieht.

Hans Lohberger, österreichischer Schriftsteller

Hobby:

Das Steckenpferd ist das einzige Pferd, das über jeden Abgrund trägt.

Friedrich Hebbel, deutscher Schriftsteller

Höflichkeit:

… ist das Bestreben, anderen gefallen zu wollen.

Charles de Montesquieu, französischer Philosoph

Horizont:

Wir leben alle unter dem gleichen Himmel, aber wir haben nicht alle den gleichen Horizont.

Konrad Adenauer, deutscher Politiker

Humor:

… ist der Schwimmgürtel auf dem Strom des Lebens.

Wilhelm Raabe, deutscher Schriftsteller

Idealist:

… ist der Mann, der aus der Tatsache, daß eine Rose besser riecht als der Kohl, darauf schließt, eine Suppe aus Rosen müsse auch besser schmecken.

Ernest Hemingway, amerikanischer Schriftsteller

Intuition:

Intuition ist der eigenartige Instinkt, der einer Frau sagt, daß sie recht hat, gleichgültig, ob das stimmt oder nicht.

Oskar Wilde, irischer Dichter

Ironie:

... ist eine Beleidigung in Form eines Kompliments.

Edwin Whipple, englischer Schriftsteller

Irrtümer:

Um Holzwege zu täfeln, sägen manche den Ast ab, auf dem sie sitzen.

Karl Garbe, deutscher Satiriker

Wer A sagt, muß nicht auch B sagen, er kann auch erkennen, daß A falsch war.

Bertolt Brecht, deutscher Dichter

Junggesellen:

... sind Männer, die nur halb aufs Ganze gehen.

Tatjana Sais, deutsche Schauspielerin

Karriere:

Man muß den Leuten nur ein bißchen verrückt vorkommen, dann kommt man schon weiter.

Wilhelm Raabe, deutscher Schriftsteller

Kinder:

Erst bei den Enkeln ist man so weit, daß man die Kinder ungefähr verstehen kann.

Erich Kästner, deutscher Schriftsteller

Klugheit:

Wer allzu klug ist, findet keine Freunde.

Japanisches Sprichwort

Kunst:

... ist zwar nicht das Brot, aber der Wein des Lebens.

Jean Paul, deutscher Dichter

Die ganze Kunst beruht darauf, daß man ausspricht, was der Zauber des Augenblicks erfordert.

Autor unbekannt

Künstler:

... ist nur einer, der aus der Lösung ein Rätsel machen kann.

Karl Kraus, österreichischer Schauspieler

Lächeln:

Wer lächelt, statt zu toben, ist immer der Stärkere.

Japanisches Sprichwort

Langweiler:

Ein Mensch, der redet, wenn du wünschst, daß er zuhört.

Ambrose Bierce, amerikanischer Journalist

Leben:

... bedeutet eine fast lückenlose Reihe gemeinsamer Entdeckungen.

Gerhart Hauptmann, deutscher Dichter

... ist Wandlung. Man ist in jedem neuen Augenblicke etwas anderes, als man bis jetzt war, ist also niemals endgültig man selbst.

José Ortega y Gasset, spanischer Philosoph

Das Leben ist ein Spiel. Man macht keine größeren Gewinne, ohne Verluste zu riskieren.

Christina von Schweden

Lebenskünstler:

... sind Menschen, welche nicht nur Zeit für das Notwendige, sondern auch für das scheinbar Überflüssige haben.

Friedl Beutelrock, deutsche Schriftstellerin

Leistungsdruck:

... wird vor allem von den Leuten beklagt, die ihm nicht ausgesetzt sind.

Kurt Sontheimer, deutscher Politikwissenschaftler

Lernen:

... ist wie das Rudern gegen den Strom: sobald man aufhört, treibt man zurück.

Benjamin Britten, englischer Komponist

Liebe:

... ist ein Glas, das zerbricht, wenn man es zu unsicher oder zu fest faßt.

Russisches Sprichwort

... ist kein Solo, Liebe ist ein Duett. Schwindet sie bei einem, verstummt das Lied.

Adalbert von Chamisso, deutscher Dichter

... ist, wenn sie dir die Krümel aus dem Bett macht.

Kurt Tucholsky, deutscher Schriftsteller

Das größte Glück, nächst der Liebe, besteht darin, die Liebe eingestehen zu dürfen.

André Gide, französischer Erzähler

Einen Menschen lieben heißt einwilligen, mit ihm alt zu werden.

Albert Camus, französischer Schriftsteller

Was die Liebe betrifft, so ist es leichter, auf ein Gefühl zu verzichten, als eine Gewohnheit aufzugeben.

Guy de Maupassant, französischer Erzähler

Lorbeeren:

Wer sich auf seinen Lorbeeren ausruht, trägt sie an der falschen Stelle.

Mao Tse-Tung, chinesischer Staatsmann

Mauern:

Die Menschen bauen zu viele Mauern und nicht genügend Brücken.

Dominique Georges Pire, belgischer Theologe

Menschen:

Mit einem Menschen, der nur Trümpfe hat, kann man nicht Karten spielen.

Friedrich Hebbel, deutscher Dichter

Menschenführung:

... heißt gegenseitigen Haß in gemeinsame Schlagkraft zu verwandeln.

Helmar Nahr, deutscher Wirtschaftswissenschaftler

Mißerfolg:

Nach dem Mißerfolg eines seiner Theaterstücke befragt, antwortete Oscar Wilde: »Ach, das Stück war ein großer Erfolg, aber das Publikum ist durchgefallen.«

*Nachbarn sind die Prüfungsaufgaben
die uns das Leben stellt.*

Mitarbeiter:

... lassen sich lieber von einer Frau überzeugen, als von einem Mann anschreien.

Annette Winkler, deutsche Unternehmerin

Nachbarn:

... sind die Prüfungsaufgaben, die uns das Leben stellt.

Marcel Achard, französischer Dramatiker

Phantasie:

... ist ein ewiger Frühling.

Friedrich Schiller, deutscher Dichter

Politik:

Es gibt zwei Wege für den politischen Aufstieg: entweder man paßt sich an oder man legt sich quer.

Konrad Adenauer, deutscher Politiker

Politiker:

Mikrofone sind das einzige, was sich Politiker gerne vorhalten lassen.

Frank Elstner, deutscher Showmaster

Probleme:

Daß die Vögel der Sorge und des Kummers über deinem Haupte fliegen, kannst du nicht ändern. Aber daß sie Nester in deinem Haar bauen, das kannst du verhindern.

Chinesisches Sprichwort

Rauchen:

Ein leidenschaftlicher Raucher, der immer wieder von den Gefahren des Rauchens für seine Gesundheit liest, hört in den meisten Fällen auf – zu lesen.

Winston Churchill, englischer Staatsmann

Reden:

... sind immer schädlich. Vor dem Essen verderben sie den Appetit, nach dem Essen die Verdauung.

Sandro Pertini, italienischer Politiker

Die Engländer haben die Tischreden erfunden, damit man ihr Essen vergißt.

Pierre Daninos, französischer Schriftsteller

Die Rede ist die Kunst, Glauben zu erwecken.

Aristoteles, griechischer Philosoph

Schweigen:

Wer lange schweigt, wird lange für klug gehalten.

Islamisches Sprichwort

Schwierigkeiten:

Die Straße des geringsten Widerstandes ist nur am Anfang asphaltiert.

Hans Kasper, deutscher Schriftsteller

Sorgen:

Der Mensch hat Nahrungssorgen, Familiensorgen, Fortkommenssorgen, Ehrgeiz, Neurosen – er hat zu wichtigen Dingen keine Zeit.

Gottfried Benn, deutscher Dichter

Talent:

Der eigentliche Beweis, daß wir Talent besitzen, ist die Fähigkeit, das Talent in anderen Menschen zu entdecken.

Elbert Hubbard, amerikanischer Schriftsteller

Taten:

Ich glaube, daß große Dinge nur aus kleinen praktischen Dingen herauswachsen, die man wirklich fertigbringt.

Teddy Kollek, israelischer Politiker

Toleranz:

Um sanft, tolerant, weise und vernünftig zu sein, muß man über eine gehörige Portion Härte verfügen.

Peter Ustinov, britischer Schauspieler und Schriftsteller

… heißt: die Fehler der anderen entschuldigen. Takt heißt: sie nicht bemerken.

Arthur Schnitzler, österreichischer Schriftsteller

Traditionen:

… sind Bleisohlen.

Rudolf Rolfs, deutscher Satiriker

Vernunft:

… ist das Gleichgewichtsorgan des Geistes.

Hans Lohberger, österreichischer Schriftsteller

Versprechen:

Wer sein Versprechen wiederholt, will es brechen.

Max Halbe, deutscher Schriftsteller

Vertrauen:

… ist Mut, und Treue ist Kraft.

Marie von Ebner-Eschenbach, österreichische Schriftstellerin

Wahrheit:

… kommt mit wenigen Worten aus.

Lao-tse, chinesischer Philosoph

Die Wahrheit ist die sicherste Lüge.
Autor unbekannt

Was heute nicht richtig ist, kann morgen total verkehrt sein.
Volksweisheit

Wissen:

... ist schwerer als Besserwissen.
Charles Tschopp, Schweizer Dichter

Wer nichts weiß, muß alles glauben.
Marie von Ebner-Eschenbach, österreichische Dichterin

Wie wenig wir wissen, erkennen wir, wenn unsere Kinder anfangen zu fragen.
Amerikanisches Sprichwort

Witz:

... ist eine Explosion von gebundenem Geist.
Friedrich Schlegel, deutscher Philosoph

Wohlstand:

... ist eine Grundlage, aber kein Leitbild für die Lebensgestaltung. Ihn zu bewahren ist schwieriger als ihn zu erwerben.
Ludwig Erhard, deutscher Politiker

Wohnung:

Man kann mit einer Wohnung einen Menschen genauso töten wie mit einer Axt.
Heinrich Zille, Berliner Dichter

Ziele:

Man kann jedes Ziel erreichen, man muß es nur wirklich wollen.

Richard Bach, amerikanischer Schriftsteller

Wenn wir die Ziele wollen, brauchen wir auch die Mittel.

Immanuel Kant, deutscher Philosoph

Zuhause:

Das Heim ist der Wohnort des Herzens.

Elbert Hubbard, amerikanischer Schriftsteller

Nicht da ist man daheim, wo man seinen Wohnsitz hat, sondern wo man verstanden wird.

Christian Morgenstern, deutscher Dichter

Zukunft:

Sich seiner Vergangenheit bewußt zu sein, heißt Zukunft haben.

Hans Lohberger, österreichischer Schriftsteller

Auch hier wird niemandem auf die Füße getreten:

Frech, aber trotzdem nett: Schlagfertigkeiten, die niemandem weh tun

Hier mischen sich Geist und Witz, manchmal sind auch ein paar harmlose Doppeldeutigkeiten dabei. Aber die sind so ausgewählt, daß sich keiner der Anwesenden brüskiert fühlen kann. Es sei denn, er zieht sich einen ganz allgemein hingestellten Schuh persönlich an – aber das soll dann nicht unser Problem sein.

Anzubringen ist dieser Typ von Schlagfertigkeit bei allen alltäglichen Gelegenheiten und in jeder Runde. Wobei der Witz oft einfach nur darin besteht, daß man ein wenig mit Worten spielt, eine eigentlich bekannte Tatsache in einem fröhlichen Bild ausdrückt oder eine Selbstverständlichkeit als etwas ganz Besonderes herausstellt.

Nehmen wir dafür doch gleich mal eine Szene, die uns allen bekannt ist. Sie stehen am Bankschalter, wollen Geld abheben – und natürlich kommt die stereotype Frage:

»Wie hätten Sie's denn gern?«

Jedem von uns ist klar, daß die Antwort entweder »kleine Scheine« oder »große Scheine« lauten müßte – darauf wartet auch der Kassierer. Aber gerade weil er mit eben dieser Antwort rechnet, werden wir den Menschen hinterm Tresen zum Stutzen bringen und die Umstehenden zum Lächeln, wenn wir einen ganz anderen Wunsch äußern:

»Ach, am liebsten hätte ich's in echten Scheinen.«

Der Effekt, etwas ganz anderes als das Erwartete zu

sagen oder zu tun, läßt sich auf jede beliebige Situation übertragen. Nehmen wir mal zum Beispiel die Fahrscheinkontrolle in einem öffentlichen Verkehrsmittel. Der Kontrolleur wird vermutlich kaum sagen, daß er Ihre Karte prüfen will, sondern nur eine mehr oder weniger freundliche Aufforderung an Sie richten:
»Ihren Fahrausweis bitte.«
Aber statt nun gleich in die Tasche zu greifen und die Karte herauszuholen, lassen Sie ihn erst mal in freundlicher Form auflaufen:
»Den brauch' ich noch – können Sie sich nicht selbst einen besorgen?«
Die Liste der Beispiele läßt sich beliebig verlängern – denken Sie etwa auch an eine Polizeikontrolle. Wer ein reines Gewissen hat, kann sich auch da sein Späßchen erlauben. Denn garantiert wird sich der Ordnungshüter zunächst mit einem stereotypen Wunsch an Sie wenden:
»Darf ich mal Ihren Führerschein und den Fahrzeugschein sehen?«
Natürlich rechnet der Mann nicht damit, daß Sie dieses unser Buch gelesen haben. Und folglich wird er mehr als verblüfft sein, wenn er nicht die erwarteten Papiere zugereicht, sondern eine Gegenfrage zu hören bekommt:
»Wieso soll ich Ihnen meine Papiere zeigen – Sie müssen doch wissen, wie diese Vordrucke aussehen...«
Oder Sie sind ganz mutig und sagen:
»Die habe ich doch erst vor drei Wochen auf dem Revier abgegeben – sagen Sie bloß, Sie haben meine Papiere versaubeutelt!«
Der klassische Weg, nette Schlagfertigkeiten zu üben, besteht darin, auf bestimmte Stichworte in Gesprächen den richtigen Satz parat zu haben. Nehmen wir als Beispiel mal eine Diskussionsrunde, in der das Stichwort »Beliebtheit« in Bezug auf eine Person auftaucht. Sofort könnte man den dafür einstudierten Satz abschießen:
»Es ist vielleicht gar nicht so gut, bei allen beliebt zu sein, denn jedermanns Liebling ist jedermanns Hampelmann.«

Oder Sie bereiten sich auf ein Stichwort vor, das in jeder geschäftlichen Besprechung irgendwann unter Garantie einmal fällt. Nämlich dann, wenn die Frage nach dem »goldenen Mittelweg« auftaucht. Jetzt sind Sie am Zug: *»Der Mittelweg ist immer etwas Halbherziges, oder – wie die Amerikaner sagen: In the middle of the road there is only a white line and a dead skunk (in der Mitte der Straße gibt es nur eine weiße Linie und ein totes Stinktier).«*
Sie sehen also, wie leicht man sich auf schlagfertige Sätze vorbereiten kann – wenn man nur das jeweilige Thema und das entsprechende Stichwort im Hinterkopf hat. Ist das der Fall, können Sie jetzt sofort mit der Auswahl beginnen.

Nette Schlagfertigkeiten rund um Schule, Ausbildung und Studium

Bildung:

Bildung ist, wenn man weiß, wo man findet, was man nicht weiß.

Bildungshunger hin, Wissensdurst her – wo ist die nächste Kneipe?

Schule:

Die Schule des Lebens kennt keine Ferien.

Klassenhaß ist der Grund, aus dem viele Kinder die Schule schwänzen.

Lieber aus Gewissensgründen die Einschulung verweigern als ein Streber sein!

Morgengrauen ist das Grauen, das Schüler befällt, wenn sie morgens zur Schule müssen.

Die Hauptursache der ganzen schlechten Noten ist und bleibt die Schule.

Der Mensch wird frei geboren und dann eingeschult.

Wer in der Schule nicht seinen Verstand verliert, hat nie einen gehabt.

Nichts gegen die Schule: aber man vergeudet 'ne Menge Zeit damit.

Das erste, was unsere Kinder in der Schule gelernt haben, war, daß die anderen mehr Taschengeld bekommen als sie.

Lehrer:

Lehrer sind wie Fixer. Dauernd denken sie an ihren Stoff.

Der dümmste Lehrer kennt mehr Fragen als der klügste Schüler Antworten.

So ungerecht ist die Welt: Lehrer bekommen Gehalt – und die meiste Arbeit müssen die Schüler machen.

Lernen:

Wenn man nichts lernt, geht man auch nicht das Risiko ein, etwas wieder zu vergessen.

Vier von drei Schülern können nicht rechnen.

Rechnen:

Wer ab und zu die Schule schwänzt, im Klassenbuch besonders glänzt.

Studium:

Kopieren geht über studieren.

Lieber einmal richtig Silvester feiern als drei Semester durchzueiern.

Wissen:

Wer viel spricht, weiß oft nichts. Wer viel weiß, spricht oft nichts.

Bei Wissensdurst und Bildungshunger hilft nur in den seltensten Fällen ein Imbiß.

Wir wissen zwar nicht, was wir wollen, aber trotzdem tun wir genau das.

Wer nichts weiß und weiß, daß er nichts weiß, weiß mehr als derjenige, der nichts weiß und nicht weiß, daß er nichts weiß.

Natürlich ist Wissen Macht. Aber nichts zu wissen, macht auch nichts.

Eigentlich ist Wissen völlig nutzlos, wenn niemand weiß, daß man etwas weiß.

Zeugnis:

Ich bin der Meinung, daß es für schlechte Zeugnisse Prügel geben sollte. Aber leider steht da ja nie die Adresse des verantwortlichen Lehrers drauf.

Nette Schlagfertigkeiten rund um Arbeit und Beruf

Arbeit (allgemein):
Lieber ein Bauch vom Saufen als ein Buckel vom Arbeiten.

Die Arbeit lebe hoch! So hoch, daß keiner 'rankommt.

Wer Arbeit kennt und sich nicht drückt, der ist verrückt.

Ich finde: Arbeit ist der Untergang der trinkenden Klasse.

Natürlich macht Arbeit Spaß. Aber jetzt mal Spaß beiseite.

Lieber mit dem Mercedes zum Vergnügen als mit dem Fahrrad zur Arbeit.

Ich weiß, was unter dem Begriff »Veränderung der Arbeitswelt« zu verstehen ist: Früher hat man die Kopfgeldjäger an ihrem Revolver erkannt – heute melden sie sich per Funktelefon an und entpuppen sich als Versicherungsvertreter.

Es gibt viel zu tun. Warten wir's mal ab!

Für manche ist die Arbeit ja wohl wirklich ein Vergnügen – aber wir sind schließlich nicht nur zu unserem Vergnügen auf der Welt.

Ich weiß auch nicht, warum die Arbeit ständig zunimmt. Wahrscheinlich ist es hier so wie bei den Gärtnern: Wenn sie schlafen, pflanzt der Teufel Unkraut.

Wenn mein Chef gefragt wird, wie viele Angestellte in seinem Unternehmen arbeiten, nennt der nie Zahlen, sondern sagt immer nur: höchstens die Hälfte.

Büroschlaf:

Lieber acht Stunden im Büro als gar keinen Schlaf!

Zumindest am Arbeitsplatz gilt wohl eher eine umgekehrte Lebensweisheit: Wie man sich bettet, so fliegt man.

Chef:

Einerseits wäre es auch mein Traum, Chef zu sein – andererseits kann ich es aber einfach nicht mit meinem Gewissen vereinbaren, ohne Arbeit soviel Geld zu kassieren.

Immer wenn mein Chef rot sieht, ärgere ich mich schwarz und mache blau.

Auf unseren Chef trifft voll der Spruch zu: Der Student studiert, der Arbeiter arbeitet, der Chef scheffelt.

Wer wissen will, was für ein Typ sein Chef ist, kann sich an eine Faustregel halten: Wer Briefe diktiert, ist ein Diktator.

Mir ist ein dicker Chef lieber als ein mageres Gehalt.

Lieber ein Schlagzeug nach Feierabend als eine Standpauke vom Chef!

Wir haben einen Chef, der ist so engstirnig, daß er mit beiden Augen zugleich durch ein Schlüsselloch schauen kann.

Angeblich soll es ja zwischen einem Chef und einem Bikini keinen Unterschied geben: Jeder fragt sich, wie er sich hält – und jeder hofft, daß er fällt.

Der Chef ist jemand, der drei Stunden Tischzeit machen kann, ohne von jemandem vermißt zu werden.

Ein guter Chef gibt auch seinen Mitarbeitern eine Chance – und macht nicht alle Fehler selbst.

Unser Chef ist ein großer Wintersportler: Erst geht er mit der Sekretärin Skilaufen, dann fährt seine Frau mit ihm Schlitten.

Vorgesetzte sind Menschen wie alle anderen auch – sie wissen es nur nicht.

Fluktuation:

In unserem Laden kommen die Leute in einem Tempo, daß man eigentlich eine Drehtür einbauen müßte, damit man nicht mit sich selbst zusammenstößt.

Gewerkschaft:

Ich habe gehört, daß die Gewerkschaft neulich eine Urabstimmung durchgeführt haben soll – aber anschließend sind immer noch viele zu spät gekommen.

Karriere:

Bei den meisten Erfolgsmenschen ist der Erfolg größer als die Menschlichkeit.

Kollege:

Meistens erkennt man die besonders unkollegialen Menschen ja an der typischen Radfahrer-Haltung: Nach oben machen sie einen krummen Rücken, nach unten wird getreten.

Bei uns gab's mal einen sehr guten Mitarbeiter. Sein einziges Problem war, daß er all seine Phantasie, Tatkraft und Risikofreudigkeit ausnahmslos in seine Spesenabrechnungen investierte.

Pünktlichkeit:
In manchen Firmen hat es immer böse Zusammenstöße gegeben, bis auf den Treppen eine neue Regelung eingeführt wurde: Wer morgens später kommt, muß sich ganz rechts halten, damit er nicht mit denen zusammenstößt, die abends früher gehen.

Ich kenne eine Firma, da versucht jeder, morgens der erste am Arbeitsplatz zu sein. Das Geheimnis ist, daß es 100 Mitarbeiter gibt – aber nur 50 Firmenparkplätze.

Nichtstun:
Das einzig Schlimme beim Nichtstun ist, daß man nie weiß, wann man fertig ist.

Vorstellungsgespräch:
Stell dir vor, du stellst dich vor, und keiner stellt dich ein.

Zuverlässigkeit:
Sein Markenzeichen war die Zuverlässigkeit: Er versagte regelmäßig.

Nette Schlagfertigkeiten rund um Essen und Trinken

Abstinenz:
Das ist doch nur was für Leute, die vom Saufen einen schweren Kopf kriegen.

Nüchterne sind bloß zu doof zum Trinken.

Alkohol:
Lieber blau als blöd – weil der Rausch vergeht.

Wer betrunken ist, den kann man nicht für voll nehmen.

Wo rohe Kräfte sinnlos walten, kann sich kein richt'ger Rausch entfalten.

Im Rausch erkennt man die Tiefen des Lebens. Nüchtern erkennst du die Abgründe.

Ich wundere mich gar nicht über die vielen Alkoholiker. Was – außer Schnaps, Bier und Wein – bleibt einem schon, wenn man sich betrinken will?

Alkohol beseitigt keine Probleme, ich weiß. Aber ich finde es toll, daß man sich damit 'ne Menge interessanter neuer Probleme schafft.

Bier:
Bier, das nicht getrunken wird, hat seinen Job verfehlt.

Der Vorteil an Bier ist: Es macht keine Rotweinflecken.

Der beliebteste Barbier ist der von Sevilla. Das beliebteste Barbier ist Pils.

Zwischen Leber und Milz
paßt immer noch ein Pils!

Lieber Bockbier als Ziegenmilch.

Biertrinker sind bessere Liebhaber, Milchtrinker bessere Säuglinge.

Schade, daß man Bier nicht streicheln kann.

Ich kann ohne dich nicht heben, sagte er zum Bierkrug.

Für mich gilt immer die Devise: Lieber ein Glas Dortmunder als eine Wanne Eickel.

Champagner:

Manche Leute, denen das Wasser bis zum Hals steht, ersäufen sich in Champagner.

Essen:

Findest du nicht auch: Gummipuffer schmecken ausgesprochen zäh!

Jägerschnitzel gibt es hier sicher erst ab vier Bestellungen. Wegen einem einzigen Gast zerschnippeln die doch nicht gleich 'nen ganzen Jäger!

Ich finde, Schaschlik ist ein besonders spießiges Gericht.

Essen und Trinken:

Essen und Trinken halten Leib und Kehle zusammen.

Feinschmecker:

Manche Leute halten sich schon für Feinschmecker, weil sie die Telefonnummer vom Pizza-Schnelldienst im Kopf haben.

Kneipe:
»Lebe wohl, Verstand!«, sagte der Säufer, als er in die Kneipe ging. »Wer weiß, wann wir uns wiedersehen.«

In dieser Kneipe ist es ja reichlich laut! Lassen die jetzt einen hochleben, oder bringen sie einen um?

In Eckkneipen geht es oft am meisten rund.

Ich suche mir meine Kneipen immer nach dem Fußboden aus – schließlich möchte ich vorher wissen, wo ich hinterher einschlafe.

Lieber an einem wackeligen Kneipentisch sitzen als in einer festen Beziehung stecken.

Milch:
Milch macht müde Männer zwar munter, aber Wein schmeckt besser.

Naturkost:
Ich esse zwar auch gern Salat und Körner, aber ich bin kein Fanatiker. Und wenn der liebe Gott gewollt hätte, daß wir uns von solchem Zeug ernähren, hätte er uns auch längere Nagezähne und Kaninchenohren geschenkt.

Restaurant:
In manchen Gourmet-Tempeln machen die einen solchen Zirkus um ihr Essen, daß man sich fragen muß, ob die auch ihre Eiswürfel nach einen Geheimrezept herstellen.

Manchmal frage ich mich wirklich, ob die grundsätzlich noch die Uhrzeit zur Rechnung addieren.
Bei den Preisen in manchen Restaurants muß man sich

doch fragen, ob man da mit einem Essen eventuell gleich Teilhaber des Unternehmens wird.

Schnaps:

Irgendwann begegnet man dem Schnaps seines Lebens.

Lieber Schnaps aus der vollen Pulle als aus der Ampulle.

Trinken:

Steter Tropfen höhlt die Leber.

Das Leben ist ginlos. Darum kippt der Klügere nach.

Lieber über Nacht versumpfen als im Sumpf zu übernachten.

Ein Edelzwicker wird nicht mit der Kneifzange, sondern mit dem Korkenzieher geöffnet, du Banause!

Lieber blau sein als rot sehen.

Nirgends wird so viel getrunken wie überall.

Viele Leute meinen, sie seien tierlieb, nur weil sie jeden Morgen einen Kater haben.

Lieber Weingeist als gar keinen Verstand.

Wirt:

Jeder ist seines Wirtes Glück.

Nette Schlagfertigkeiten rund um den Straßenverkehr

Auto (allgemein):
Man kann Autos nicht wie menschliche Wesen behandeln. Autos brauchen Zuneigung.

Man sollte mit dem Auto nie schneller fahren, als der Schutzengel fliegen kann.

Autoreparatur:
Es gibt ja viele Möglichkeiten, die Reparaturkosten gering zu halten. Wenn die Bremsen nicht mehr funktionieren und einem die Erneuerung zu teuer wird, läßt man eben nur die Hupe ein bißchen lauter stellen.

Blutprobe:
Bei so einem Alkoholtest hat man manchmal wenigstens einen kleinen Trost: 1,3 wäre nämlich immer noch ein ganz guter Wert, den Numerus Clausus in Medizin zu schaffen.

Zumindest bei den Landwirten gibt es eine Faustregel die jeden Alkoholtest überflüssig macht: Fällt der Bauer von dem Trecker, war der Korn mal wieder lecker.

Führerschein:
Manche Leute bekommen ihn vermutlich nur deshalb sofort, weil sich der Prüfer kein zweites Mal zu ihnen ins Auto setzen mag.

Der Mensch denkt, und Gott lenkt – sagte der Fahrlehrer, als er aus der Narkose erwachte.

Fußgänger:
Wie sagte neulich ein Stadtplaner: Wenn der Verkehr fließen soll, gehören Fußgänger unter die Erde.

Gebrauchtwagen:
Als ich neulich mit meiner alten Karre an die Tankstelle kam und 15 Liter haben wollte, hat der Tankwart ganz schön gestaunt – und mich gefragt, ob ich ernsthaft glaube, daß der Wagen noch soviel verbrauchen wird.

Bei mancher bunten Rostlaube frage ich mich, ob das Kunst ist oder Pragmatismus – weil die Karre von der Farbe zusammengehalten wird.

Motorradfahrer:
Mancher fängt sich beim Sturz so geschickt ab, daß man meinen könnte, der steigt immer so von seinem Hobel.

Parkplätze:
Mir ist es schon passiert, daß ich endlich einen Parkplatz gefunden hatte und danach erst mal feststellen mußte, in welcher Stadt ich überhaupt war.

Manchmal scheint es mir, als bestünde ein direkter Zusammenhang zwischen der sinkenden Zahl freier Parklücken und der steigenden Zahl von Zahnlücken bei Autofahrern.

Polizeikontrolle:
Mich hat neulich ein Polizist angehalten, auf den kaputten Scheinwerfer gezeigt und gesagt, das koste 40 Mark – da hab' ich mich echt gefreut, denn die in der Werkstatt wollten 100 haben.

Neulich hat mich ein Polizist gefragt, ob ich wüßte, warum er mich anhält. Ich hab ihm gesagt, vermutlich hätte er sich verlaufen und wollte mich nach dem Weg fragen.

Raserei:

Die Stationen einer superschnellen Fahrt können sich ja auch so anhören: Frühstück in Hamburg, Mittagessen in München, Nachmittagskaffee in Madrid – Gips in Barcelona.

Der einzige Katalog, in dem keine bunten Bilder drin sind, ist der Bußgeldkatalog.

Wenn's bei hohem Tempo plötzlich irgendwo klopft, ist das meistens nicht der Motor, sondern es sind Warnsignale vom Schutzengel.

Stau:

Vor Gott und in einem Verkehrsstau sind alle Menschen gleich.

Unfall:

Als ich unseren Sohn fragte, ob er den Wagen wieder in die Garage gefahren habe, sagte mir seine Antwort schon fast alles: »Ja Papa, die wichtigsten Teile sind drin.«

Nette Schlagfertigkeiten rund um Sport, Hobbys und Freizeit

Angeln:

Ich finde, daß es durchaus noch etwas Langweiligeres gibt als Angeln: beim Angeln zuschauen.

Bergwandern:

Wenn man sich die Berge mal wegdenkt, sind die Alpen eine stinklangweilige Angelegenheit.

Fernsehen:

Beim Fernsehen warte ich immer auf meinen Lieblingswestern: Die vier glorreichen Sieben!

Ach, wären deutsche Fernsehkrimis nur wie Stromnetze. Dann hätten sie wenigstens Spannung.

Immer, wenn ich den Moderator Soundso sehe, bekomme ich vor Schmerz einen Mattscheibenvorfall.

Die meisten Talkmaster sind regelrechte Glotzbrocken.

Gartenarbeit:

Anfreunden kann ich mich nicht damit, aber ich habe mir jetzt selbst eine Regel aufgestellt: Kannst du dein Haus nicht mehr erspähen, wird es Zeit zum Rasenmähen.

Leistungssport:

Ein Wespenstich am rechten Ort verhindert jeden Leistungssport.

Radiohören:

Ich höre zwar auch mal hier und mal dort hinein, aber mein Lieblingssender ist der Tausender.

Reisen:

Mancher Fluggesellschaft sollte man den Werbespruch verpassen: »Frühstück in Paris, Mittagessen in New York, Gepäck in Tokio.«

Manche Leute haben selbst schuld, wenn der Urlaub zum Reinfall wird. Schließlich kann man sich vorher denken, daß es sich beim »Ballermann 6« auf Mallorca nicht um eine Filiale des Goethe-Instituts handelt.

Sauna:

Gehst du mit in die Sauna? Es wären mal wieder ein paar Schweißarbeiten fällig.

Schlaf:

Wer mit den Hühnern schlafen gehen will, muß sehen, wie er die Leiter hochkommt.

Wer verschlafen aussieht, muß nicht unbedingt ein Talent haben, das in ihm schlummert.

Wer bis mittags schläft, umgeht das Problem, morgens nicht aufstehen zu können.

Skilaufen:

Wie sagte doch gleich der Skifahrer? Frisch gewachst ist halb gefallen.

Tauchen:

Tauchen ist echt das Höchste!

Wer schläft, sündigt nicht.
Aber wer sündigt, schläft hinterher besser.

Tennis:

Wenn du so gern Tennis spielst – warum lernst du es dann nicht endlich?

Tischtennis:

Spiele niemals mit offenem Mund Tischtennis.

Vereinsmeierei:

Angeblich soll es in diesem Land ja von Vereinsmeiern nur so wimmeln. Ich kann das gar nicht verstehen, denn ich bin noch nicht mal in die AOK eingetreten.

Vogelkunde:

Eines habe ich immerhin begriffen: Steigt der Erpel auf den Hahn, gibt's noch lange keinen Schwan.

Manche Irrtümer entstehen ja auch aus der Not: Sitzt der Hahn auf einer Krähe, war kein Huhn in seiner Nähe.

Stimmt es eigentlich, daß der Kuckuck deshalb kein Nest baut, weil er in Uhren lebt?

Nette Schlagfertigkeiten rund um Musik, Literatur und Kunst

Dichter:

Dichter heißen Dichter, weil sie nicht ganz dicht sind.

Irrtümer:

Beethoven war so taub, daß er glaubte, er wäre ein Maler.

Kunst und Kultur:

Kunst kommt von Können. Käme es von Wollen, hieße es Wulst. Käme es von Dürfen, hieße es Durft. Käme es von Müssen, hieße es Mus.

Die Frage aber bleibt: Tut Ench Amun, was Nofre täte?

Literatur:

Oscar war Wilde. Aber Billy war Wilder.

Wo ein Wilhelm ist, ist auch ein Busch.

Lieber Don Camillo als Pater noster!

Wißt ihr eigentlich, warum Goethe kein Musiker, sondern Dichter wurde? Sie sagten: Gib Goethe niemals 'ne Flöte. Da ließen sie's bleiben – er fing an zu schreiben.

Ich lese zwar auch zu wenig, aber über »Werner beinhart« bin ich doch schon hinausgekommen.

Musik:

Kennst du das Lied vom »Schlächter Müller»?-»Das muß ein Schlächter Müller sein, dem niemals fiel das Wandern ein...«

Kennst du das Lied vom »Esamusawasa»?- »Esa musa wasa Wunderbares sein, von dir geliebt zu werden...«

Lieber Ham and Eggs als Hammondorgel.

Weg mit der Blasmusik! Das hat schon die Bürgerinitiative Jericho gefordert.

Ich meine, daß Musik etwas sehr Verbindendes hat. Wo sonst kann man einen ganzen Abend erleben, daß ein zweitklassiger Musiker erstklassige Stücke vor einem drittklassigen Publikum spielt.

Oper:

Eine Oper zu schreiben hat noch niemandem geschadet.

Picasso:

Lieber von Picasso gemalt als vom Schicksal gezeichnet.

Nette Schlagfertigkeiten rund um Liebe, Ehe, Glück und Familie

Angst:

Ich finde, Angst allein macht nicht glücklich.

Ehe:

Ehe und Diamant – trag beide mit Fassung!

In der Ehe kann man die Sorgen teilen, die man allein gar nicht hätte.

Ehe – das ist doch die Abkürzung für: »Errare humanum est.« (Für Nicht-Lateiner: Irren ist menschlich.)

Ehekrach:

Dafür gibt es ja angeblich feste Regeln: Er lauscht, wenn sie spricht. Sie lauscht, wenn er spricht. Und wenn beide sprechen, dann lauschen die Nachbarn.

Wenn die Ehe nicht wäre, müßten Mann und Frau mit wildfremden Leuten streiten.

Eifersucht:

Eifersucht ist eine Leidenschaft, die mit Eifer sucht, was Leiden schafft.

Einsamkeit:

Einsamkeit genießt man am besten zu zweit.

Für mich gibt es da eine einfache Regel: Lieber einen Kronleuchter an der Decke als einen Armleuchter im Bett.

Erwachsensein:

Daß die Kinder erwachsen sind, merkt man daran, daß sie nicht mehr fragen, woher sie kommen – und nicht mehr sagen, wohin sie gehen.

Familie:

Familie ist wie Salzsäure – sie frißt sich überall durch.

Flitterwochen:

Am Anfang sind es Flitterwochen – den Rest des Lebens Zitterwochen.

Heirat:

Wer sich nicht wehrt, endet am Herd.

Küssen:

Was sich liebt, das schleckt sich.

Ein Küßchen in Ehren ist aller Laster Anfang.

Liebe:

Mancher läuft ihr so lange nach, bis sie ihn endlich erwischt.

Gegen Liebe auf den ersten Blick hilft nur der zweite.

Die Liebe ist auch so ein Problem, das der Kommunismus nicht gelöst hat.

Wer nicht hat, was er liebt, muß noch lange nicht lieben, was er hat.

Wer richtig verliebt ist, läßt sich zum Kabelfernsehgucken einladen und stellt erst nach fünf Stunden fest, daß es in der Wohnung gar keinen Fernseher gibt.

Mütter:
Manche Mütter verbieten ihren Töchtern deshalb den Umgang mit jungen Männern, weil sie selbst auch nur einen alten Knacker zu Hause haben.

Partnersuche:
Manchmal muß man eben ganz viele Frösche küssen, ehe man einen Prinzen findet.

Wer Blindekuh spielt, wird niemals einen Bullen finden.

Zärtlichkeit:
Mir tun schon langsam die Hände weh von all den zurückgehaltenen Zärtlichkeiten.

Nette Schlagfertigkeiten rund ums Aussehen und die Person

Aussehen:
Lieber Mixed Pickles als Akne!

Beine:
Lieber breitbeinig als engstirnig!

Charakter:
Mancher Typ ist so lau, daß er Mikado nur mit gekochten Spaghetti spielt.

Denkvermögen:
Ich habe festgestellt, daß jemand, der eine zu lange Leitung hat, bei anderen schnell einen Kurzschluß auslösen kann.

Ein Mann ohne Bauch ist ein Krüppel.

Draufgänger:

Der Typ labert immer sofort jede fremde Frau an – weil alle, die ihn schon kennen, nicht mehr mit ihm sprechen.

Wer ein richtiger Draufgänger ist, der geht selbst einem Auto an die Bremsbacken.

Figur:

Lieber Holz vor der Hütt'n, als ein Brett vorm Kopf!

Frauen:

Eine kluge Frau gibt so lange nach, bis sie die Dumme ist.

Was heißt eigentlich: Frauen hätten immer das letzte Wort? Männern fällt nur ziemlich schnell nichts mehr ein!

Frauen sind Männersache.

Frauen sind wie Fluglotsen – wenn sie nicht wollen, kann keiner landen.

Mit einer Frau sollte man immer so lange sprechen, bis sie mit sich reden läßt.

Frisur:

Lieber eine kalte Dauerwelle als eine dauernde Kältewelle!

Lieber 'ne Glatze als gar keine Haare.

Lieber 'ne Glatze als 'ne Pechsträhne!

Gesicht:
Nicht alles, was zwei Backen hat, ist auch 'n Gesicht.

Gewicht:
Eigentlich ist es ja nur gut, wenn einem beim Gang zur Waage die Tränen kommen – denn das erleichtert ja auch ein wenig.

Wie man sich füttert, so wiegt man!

Größe:
Lieber ein springender Punkt als ein laufender Meter.

Kopfbedeckung:
Eine besonders runde Kopfbedeckung nennt man Radkappe.

Lieber eine falsche Behauptung als gar keine Kopfbedeckung!

Mit dem Hut in der Hand ist man einfach kleiner.

Kosmetik:
Schminken bedeutet aus der Not eine Tugend zu machen.

Wo Lid ist, ist auch Schatten.

Männer:
Männer sind wie Luft: entweder verpestet, schwül, eisig, zu dünn oder abgestanden. Und oft machen sie sich unsichtbar, wenn eine Frau danach schnappt.

Weil Männer am liebsten im Mittelpunkt stehen, sind sie den Frauen stets im Weg.

Aller Mannfang ist schwer.

Wozu mit Männern streiten? Sie haben ja doch unrecht!

Die meisten Männer sagen, sie stünden mitten im Leben. Muß da ein Gedrängel herrschen!

Das Banalste vom Banalen ist ein Mann in Liebesqualen.

Männer sind wie Waschmaschinen: Wenn man sie anmacht, drehen sie durch.

Frauen lieben die einfachen Dinge des Lebens – Männer.

Manche Männer sind wie Autoreifen: immer aufgeblasen, mit wenig Profil und ständig bereit, einen zu überfahren.

Schönheit:

Was soll's? Alles Schöne hat sowieso einen Haken – entweder ist es unmoralisch, illegal oder macht fett.

Es gibt Leute, die sind so oft geliftet worden, daß ihr Grübchen am Kinn nichts anderes ist als der Bauchnabel.

Spiegelbild:

Mancher liebt nur deshalb sein eigenes Spiegelbild, weil er das Glas lange nicht mehr geputzt hat.

Nette Schlagfertigkeiten über Schlau- und Dummköpfe

Dummheit:

Dumme Leute sagen Dummheiten. Kluge Leute machen sie.

Ich meine, daß man Narren am besten dadurch überzeugen kann, wenn man sie ihre Dummheiten ausführen läßt.

Gehirn:

Mancher tut wirklich gut daran, sein Gehirn nicht einzuschalten – denn jeder Kurzschluß in einem Wasserbehälter führt zwangsläufig zu einer Explosion.

Mancher redet so schnell, daß er sich ständig selbst überholt – und mit dem Mundwerk immer eine Spur schneller ist als mit dem eigenen Gehirn.

Humor:

Es gibt Leute, die haben den Humor von einem Einsiedlerkrebs.

Humor soll ja angeblich sein, wenn man nichts versteht und trotzdem lacht. Es kann aber auch so sein, daß man alles versteht und trotzdem lacht.

Ideen:

Wahrscheinlich ist es manchmal noch immer besser, einfältig zu sein als gar keine Ideen zu haben.

Ich finde, man kann ruhig doof sein, man muß sich nur zu helfen wissen – wie der Konditoreilehrling, der

»Herzlichen Glückwunsch« auf eine Torte schreiben sollte und schon nach einer halben Stunde herausbekommen hatte, wie man so ein Backwerk in die Schreibmaschine einspannt.

Intelligenz:
Der Vorteil von Intelligenz ist: Man kann sich dumm stellen. Aber versuch's mal umgekehrt!

Klugheit:
Lieber heimlich klug als unheimlich dumm!

Kopf:
Lieber 'ne harte Nuß als 'ne weiche Birne!

Manche haben vom lieben Gott wahrscheinlich nur aus sozialen Gründen einen Kopf bekommen – damit die Friseure nicht arbeitslos werden.

Lieber Rosinen im Kopf als Haare im Kuchen!

Mit leerem Kopf nickt sich's leichter.

Mundwerk:
Die größte Lücke im deutschen Waffengesetz ist, daß manche Leute ohne Prüfung ihre Revolverschnauze benutzen dürfen.

Schläue:
Ich bin lieber heimlich schlau als unheimlich doof.
Und du?

Schweigen:
Gelobt sei, wer nichts zu sagen hat und trotzdem die Klappe hält.

Spott:
Mancher spottet nur deshalb über komische Vögel, weil er selbst nicht fliegen kann.

Unfreundlichkeit:
Bei manchen Menschen spürt man auf den ersten Blick, daß sie Ekel Alfred als Vorfahren hatten.

Wahnsinn:
Der Wahnsinn nimmt ständig zu. Die Vernunft nimmt ständig ab. Wenn das keine Gewichtsprobleme sind!

Nette Schlagfertigkeiten rund um Geld, Gehalt und Geiz

Bescheidenheit:
Bescheidenheit ist eine Zier, doch weiter kommt man ohne ihr.

Finanzgenie:
Ein echtes Finanzgenie ist nur der, der schneller Geld verdient, als es seine Familie ausgeben kann.

Gehalt:
Daß ich eine Gehaltserhöhung bekommen habe, merke ich meistens erst viel später: Wenn meine Abzüge wieder um 100 Mark höher geworden sind.

Mit den Gehaltserhöhungen ist es eine schwierige Sache. Wenn man zu Hause nichts davon erzählt, wird man für einen Trottel gehalten. Erzählt man es, ist man ein Trottel.

Unser Chef ist ein furchtbar abergläubischer Mensch. Deshalb weigert er sich jetzt sogar, das 13. Monatsgehalt auszuzahlen.

Wer gut verdient, muß sich nicht anstrengen. Wer sich anstrengen muß, verdient nicht gut.

Geiz:

Geizhälse sind zwar unangenehme Zeitgenossen, aber sehr angenehme Vorfahren.

Wie geizig mancher ist, kannst du daran erkennen, daß er seine Zigarettenstummel so weit herunterraucht, bis er schließlich Brandblasen an den Lippen hat.

Geld:

Geld – das spielt bei uns gar keine Rolex.

Manche Leute sagen, Geld ist alles. Sie haben recht.

Wer den Sparstrumpf voller Geld hat, muß sich nicht wundern, wenn ihm keine Schuhe passen.

Also, um es mal ganz salopp zu sagen: Ich habe lieber Kies in der Tasche als Sand in den Augen.

Lieber Kleingeld als kein Geld.

Geldanlage:

Ich kenne Leute, deren einzige Geldanlage besteht aus einer Sammlung Pfandflaschen.

Kapitalismus:

Eigentlich leben wir trotz des Kapitalismus wie im Schlaraffenland. Wenn nur nicht überall diese dämlichen Preisschilder dranhingen.

Reichtum:
Macht den Reichtum billiger.

Lieber reich und gesund als arm und krank.

Schulden:
Gelegenheit macht Schulden.

Verwöhntheit:
Was die Welt kostet, ist manchem im Grunde völlig gleichgültig – Papa wird's schon bezahlen.

Vorschuß:
Vorschuß sollte man nie zahlen. Im voraus bezahlte Leute haben keine Zeit zur Arbeit.

Nette Schlagfertigkeiten für alle Gelegenheiten und zu allen Stichworten von A – Z

Abschied:
Adebar heißt der Gruß, den man beim Verlassen seiner Stammkneipe entbietet.

Also, tschüß dann! Seh'n wir uns nicht mehr auf dieser Welt, seh'n wir uns in Bielefeld. (Alternative Version »Ost«: Bitterfeld – entscheiden Sie selber, wo Sie nie gesehen werden möchten…)

Ich tue es ungern, aber ich werde jetzt gehen. Denn wenn du nie weggehst, kannst du auch nie wiederkommen.

Abwarten:
Also, jetzt machen wir erst mal die Augen zu – und dann sehen wir weiter.

Alles:
Alles bleibt anders.

Alles in allem ist nichts nichts.

Alltags-Streß:
Dem Alltags-Streß kannst du entgeh'n, vermeidest du es aufzusteh'n.

Alter:
Lieber alt und verfressen als jung und vergessen.

Amerika:
In Amerika gehen die Uhren deswegen anders, weil der Kontinent erst so spät entdeckt wurde.

Anfang:
Der ganze Mist fing doch schon damit an, daß Gott sagte: »Es werde Licht…«

Mit etwas anfangen zu müssen ist wirklich das Letzte.

Ansehen:
Ist der Ruf erst ruiniert, lebt sich's frei und ungeniert.

Apostel:
Ich glaube, die vier Apostel waren zu dritt: Peter und Paul.

Wenn erst mal die Zähne weg sind,
hat wenigstens die Zunge freien Spiel.

Arzt:

Ich habe meinem Arzt neulich seine Rechnung ungeöffnet zurückgeschickt. Er hatte mir nämlich jede Aufregung verboten.

Ich habe mir mein eigenes Urteil über Ärzte gebildet: Der Chirurg kann alles und weiß nichts, der Internist weiß alles und kann nichts, der Psychiater weiß, daß er nichts kann – und der Pathologe kann zwar alles und weiß alles, aber es hilft keinem mehr.

Aufstehen:

Was kann ein Tag schon bringen, der mit dem Aufstehen anfängt.

Autogramm:

Lieber resignieren als gar keine Autogrammstunde!

Autor:

Was ich gerade tue? Ich schreibe ein Buch mit dem Titel: »Lexikon aller erfolglosen Menschen.«

Basis:

Die Basis ist der Grundstein des Fundamentalen.

Bürokratie:

Ich glaube, wir sind alle Probleme los, wenn wir den letzten Bürokraten mit dem letzten Lehrer erschlagen haben.

Lieber Gott, mach mich dumm, damit ich in den Staatsdienst kumm.

Das Beste:

Es gibt nichts Optimaleres als das Beste.

Besuch:

Besucher machen immer Freude – wenn nicht beim Kommen, dann doch beim Gehen.

Betrachtungsweisen:

Es kommt doch immer darauf an, wie man die Dinge sieht: Gedränge in der Bahn ist unangenehmes Gewühle, Gedränge in der Disko ist eine tolle Atmosphäre.

Bundesbahn:

Würde die Bundesbahn ihren Gleiskörper mal zum Arzt schicken, könnte sie vielleicht eine Therapie gegen ihr Defizit verpaßt bekommen.

Bundesverdienstkreuz:

Kleine Gemeinheiten werden bestraft. Für große kriegt man das Bundesverdienstkreuz.

Bundeswehr:

Ich habe neulich gehört, daß es da jetzt ein neues Motto vom Verteidigungsministerium gibt: Zuständig sind alle, verantwortlich ist niemand.

Chancen:

Pessimisten sind Menschen, die in jeder Chance ein Problem sehen. Optimisten sind Menschen, die in jedem Problem eine Chance sehen.

Chaos:

Laßt mal das Chaos 'ran. Die Ordnung hat ihre Chance lange genug gehabt.

Schluß mit dem Chaos! Sorgt endlich für Unordnung!

Computer:

Computer können alles, aber sonst rein gar nichts.

Der Computer ist die Antwort. Wer kennt die Frage?

Heute kosten Computer kein Vermögen mehr. Aber sie kosten deinen Verstand.

Dach:

Beim Flachdach ist das Dach flach.

Diktatur:

Diktaturen erkennt man daran, daß schon eine spitze Zunge als unerlaubter Waffenbesitz gilt.

Diplomatie:

Wirklich diplomatisch sind vor allem die Leute, die offen aussprechen, was sie gar nicht denken.

Disco:

Ist ’ne Disco nicht diese Ansammlung netter Leute, die sich in sündhaft teuren Klamotten zu Tode schwitzen?

Duden:

Hast du schon gewußt, daß Konrad Duden Legastheniker war? Nur deshalb hat er sein Buch geschrieben – um nicht mehr so viele Fehler zu machen.

Eile:

Nichts ist so eilig, als daß es nicht durch langes Liegenbleiben noch eiliger werden würde.

Energie:

Die Energie, die man zum Leben braucht, erhält man aus dem Strom, gegen den man schwimmt.

Entscheidung:

Es ist vollkommen richtig, daß man sich beide Seiten anhören soll, ehe man sich entscheidet. Das fängt schon beim Kauf von Schallplatten an.

Erdkunde:

Ein Stück Land, das ins Meer ragt, heißt Landzunge.
Ein Stück Meer, das ins Land ragt, heißt Seezunge.

Erfahrungen:

Neue Besen kehren gut – aber die alten kennen die Ecken.

Jeder muß seine Erfahrungen machen. Eintagsfliegen, die bei schlechtem Wetter geboren werden, wissen zum Beispiel überhaupt nicht, wie schön die Welt sein kann.

Erkältung:

Ich glaube, es ist viel leichter, einem Elefanten auszuweichen, als einem gerade grassierenden Erkältungsvirus.

Ewigkeit:

Wenn schon nicht für ewig, dann wenigstens für immer.

Faulheit:

Arbeit ist eine so faszinierende Sache, daß ich anderen stundenlang dabei zusehen kann.

Fehler:

Der einzige Weg, Fehler zu vermeiden, ist es, Erfahrungen zu sammeln. Der einzige Weg, Erfahrungen zu sammeln, ist es, Fehler zu machen.

Fehlern ist es wurscht, wer sie macht.

Feindschaft:

Kleine Bosheiten erhalten die Feindschaft.

Freiheit:

Natürlich kann man seine Freiheit ganz einfach vergrößern: Man muß nur seine Ansprüche verkleinern.

Kennst du Herrn Freiheit? Nach ihm ist die gleichnamige Statue in New York benannt.

Freude:

Anfangs hab' ich ja auch immer gedacht, die Leute freuen sich, mich zu sehen – bis ich gemerkt habe, daß sie mich nur auslachen.

Frühjahrsputz:

Urlaub ist der beste Schutz vor dem großen Frühjahrsputz.

Geburt:

Was für ein Leben! Kaum geboren, gibt's eine auf den Hintern!

Gegend:

Diese Gegend finde ich so fad, da ist selbst der Regenbogen nur schwarzweiß.

Hier ist es so schlimm, da möchte man nicht mal tot über dem Zaun hängen.

Geheimnisse:

Ich finde es schon gut, wenn jeder sein kleines Geheimnis hat. Aber damit kann man es auch übertreiben: Mancher geht mit seiner Geheimniskrämerei so weit, daß er sich am Ende nicht mal mehr selbst mit Namen anredet.

Gerissenheit:
Mancher ist nicht nur schlau wie ein Fuchs, sondern auch gerissen genug, es sich nicht anmerken zu lassen.

Geschmack:
Es war schon immer etwas teurer, keinen Geschmack zu haben.

Geschwindigkeit:
Wer langsam geht, kommt auch zu spät.

Gesellschaft:
Natürlich können in unserer Gesellschaft Blumen auch auf Beton wachsen. Neurosen zum Beispiel.

Gewissen:
Auch die Stimme des Gewissens kommt mal in den Stimmbruch.

Glaube:
Wer glaubt, daß er weiß, muß wissen, daß er glaubt.

Wer nicht dran glaubt, muß dran glauben.

Gleichgültigkeit:
Was juckt es eine Eiche, wenn ein Schwein sich an ihr kratzt?

Glück:
Zum Glück ist alles nur halb so doppelt.

Das Glück ist ein Rindvieh und sucht seinesgleichen.

Glück ist eine große weiße Wand und eine volle Sprühdose.

Er hat zwar Schwein gehabt, aber er ist immer noch hungrig.

Glückspilz:
Glückspilze sind nur bedingt zum Verzehr geeignet.

Graffiti:
Ich mag keine Graffiti. Ich gehe überhaupt nicht gern zum Italiener essen.

Grenzen:
Das einzige, was auf der Welt ohne Grenzen ist, ist die menschliche Dummheit.

Größe:
Normalerweise heißt es doch immer, daß eine kleine Mücke gegen einen großen Elefanten gar nichts ausrichten kann. Aber wenn er die Mücke im Auge hat, muß auch ein Elefant weinen.

Haushalt:
Einen Haushaltstip habe ich mir auch gemerkt: Fettflecke werden wieder wie neu, wenn man sie regelmäßig einölt.

Herz:
Manche Leute mag man für herzlos halten, aber sie beweisen dann doch ungewollt das Gegenteil, wenn es ihnen vor Angst in die Hose rutscht.

Manche Leute sind so wenig tierlieb,
daß ihnen sogar die Silberfische weglaufen.

Höflichkeit:

Wenn ein Mann einer Frau die Wagentür öffnet, frage ich mich immer, was neu ist: Die Frau oder der Wagen.

Hosenträger:

Lieber Hosenträger als völlig haltlos. Wer den Gürtel enger schnallt, braucht keine Hosenträger.

Irrtum:

Wer einen Engel sucht und nur nach den Flügeln schaut, darf sich nicht wundern, wenn er ein Huhn nach Hause bringt.

Jugend:

Ich finde, man sollte da gar nicht aufs Geburtsdatum schauen – jeder ist so jung, wie er sich anfühlt.

Kindheit:

Manche Leute schaffen es einfach nicht, hinter sich die Türen zuzumachen – entweder haben die in ihrer Kindheit zu Hause Säcke vor den Eingängen gehabt, oder sie sind in der S-Bahn groß geworden – da gehen die Dinger ja von allein zu.

Heute gehöre ich zu denen, mit denen ich früher nicht spielen durfte.

Kleidung:

Der Brustkasten ist ein Kleidungsstück, das als Vorläufer des Büstenhalters gilt.

Kleinigkeiten:

Wer sagt, man solle sich nicht wegen jeder Kleinigkeit aufregen, die nicht größer als 'ne Mücke wäre, hat noch nie 'ne Mücke im Schlafzimmer gehabt.

Könner:

Ich habe mich auch schon oft gefragt, warum eigentlich noch kein Meister vom Himmel gefallen ist. Die Antwort könnte sein, daß es da oben gar keine Meister gibt.

Kriecher:

Kriecher sind wie Maulwürfe. Sie handeln nur im Dunklen, bewegen sich auf allen Vieren und werfen dauernd mit Dreck.

Kuckuck:

Lieber den Spatz in der Hand als den Kuckuck auf den Wohnzimmermöbeln!

Kurzsichtigkeit:

Kurzsichtige haben ihre Ohren, um besser sehen zu können. Denn sonst hätten ihre Brillen keinen Halt.

Lachen:

Wer zuletzt lacht, stirbt wenigstens fröhlich.

Wer zuletzt lacht, hat vermutlich den Gag nicht verstanden.

Lachen ist gesund. Aber ich kenne keine Apotheke, die es verkauft.

Latein:

Da heißt es immer, Latein sei eine tote Sprache. Warum nur kommt nicht endlich jemand auf die Idee, sie ein für allemal zu begraben?

Leben:

Das Leben ist eines der schwersten.

Das einzige, was man im Leben aufgeben sollte, ist ein Brief.

Nichts ist anstrengender als ein leichtes Leben zu führen.

Genieße dein Leben ständig. Denn tot bist du länger als lebendig.

Das Leben ist hart. Aber es trainiert ungemein.
Das Leben gibt's umsonst. Aber der Rest ist käuflich.

Umsonst ist nur der Tod – und der kostet das Leben.

Es wird immer komplizierter, einfach zu leben.

Man sollte sein Leben fotografieren. Dann hat man wenigstens eine Kopie, wenn man es verliert.

Lebensfragen:
Ich kenne Menschen, die sich in ihrem ganzen Leben nur drei Fragen stellen: Ist da Pfand drauf? Wo gibt's denn hier Ketchup? Hast du auch den Lottoschein abgegeben?

Lebensgefahr:
Lieber 'nen Lebensgefährten als Lebensgefahr!

Lebenshilfe:
Üpunk machd dehn Maisder.

Lotto:
Ich habe jetzt den Trick 'raus, wie man jede Woche garantiert einen kleinen Gewinn beim Lotto herausholt: Den Schein nicht abgeben und das Geld sparen.

Luft:

Der große Vorteil an der Großstadtluft ist doch, daß man sieht, was man atmet.

Macht:

Die Macht ist immer lieblos. Die Liebe ist selten machtlos.

Made in Germany:

Lieber Made in Germany als die Made im Speck!

Meditation:

Ich finde, es ist besser, zu meditieren als dumm 'rumzusitzen und nichts zu tun.

Meinungsfreiheit:

Klar bin ich für Meinungsfreiheit, wenn sich alle meiner Meinung anschließen.

Menschen:

Der Mensch an sich ist gut. Aber die Leute sind schlecht.

Natürlich stammt der Mensch vom Affen ab. Und wir können nur hoffen, daß die armen Tiere das nie erfahren.

Menschenauflauf:

Kennt eigentlich jemand das Rezept für
Menschen auflauf?

Menschenkenntnis:

Menschen sind wie Edelsteine: Man lernt sie am besten kennen, indem man sie aus der Fassung bringt.

Mietwohnung:

Als ich dem Vermieter sagte, bei mir liefe wegen des undichten Daches Wasser die Wände herunter, hat der Mann nur gelacht – und gesagt, bei der kleinen Miete könne ich nun wirklich keinen Champagner verlangen.

Milch:

Ich finde Kühe überflüssig. Bei mir kommt die Milch aus der Tüte.

Moral:

Ich finde, alles wird besser. Nur eines wird schlechter: Die Moral wird auch besser.

Morgenstund':

Morgenstund' hat Gold im Mund. Und Gold im Mund ist ungesund.

Wenn allzu früh der Morgen graut, dann ist der ganze Tag versaut.

Mut:

Man kann keine neuen Welten entdecken, wenn man nicht bereit ist, alte Küsten zu verlassen.

Muttersprache:

Man spricht deswegen von der Muttersprache, weil Väter nicht viel zu sagen haben.

Nachlaß:

Manche Leute streiten schon eiskalt um den Nachlaß, wenn der Tote noch warm ist.

Nacht:

Nachts ist es kälter als draußen.

Narzißmus:
Sich selber lieben ist das Beste. Da muß man wenigstens keine Angst vor Rivalen haben.

Nase:
Die Nase ist die Bohrinsel des kleinen Mannes.

Neid:
Mitleid kriegst du geschenkt. Neid mußt du dir verdienen.

Nervensägen:
Wer dauernd dummes Zeug redet, könnte an der Papageienkrankheit leiden.

Netz:
Das dichteste Netz hat die meisten Löcher.

Not:
In der Not frißt der Vegetarier Steaks.

Obst:
Obst sollte man am besten nachts ernten – wenn der Besitzer des Gartens schläft.

Opportunismus:
Wer für alles offen ist, kann nicht ganz dicht sein.

Mancher gehört auch zu den Leuten, die für den Teufel arbeiten, bis sie ihr Mittagessen haben, und dann Gott folgen.

Opposition:

Die wahre Kunst der Opposition liegt darin, so geschickt gegen etwas zu sein, daß man später immer noch dafür sein kann.

Ordnung:

Ordnung ist zwar etwas Furchtbares, Aufräumen gehört aber auch nicht zu den angenehmen Dingen. Und schließlich lohnt sich das Aufräumen meistens gar nicht, denn es wird ja sowieso wieder unordentlich.

Paradox:

Wirklich paradox finde ich es, wenn sich zwei Glatzköpfe in die Haare kriegen.

Pessimismus:

Es ist nicht alles so schlimm, wie es aussieht. Das meiste ist schlimmer.

Mehr als zwei Schuhe können auch einen Pessimisten nicht drücken.

Philosoph:

Dem Philosoph ist nichts zu doof.

Pianist:

Schießen Sie nicht auf den Pianisten! Er ist Bluter.

Planung:

Ich habe für Logistik eine ganz praktische Umschreibung: Logistik ist nämlich, wenn man daran denkt, vor dem Milchholen das Geld unten aus der Kanne zu nehmen.

Platz:
Der schönste Platz ist unter der Theke.

Politik:
Würden in den Parlamenten Drehstühle statt Sessel stehen, hätten es Politiker noch leichter, ihr Fähnchen nach dem Wind zu richten.

Sauf dich voll und friß dich dick, doch halt dich 'raus aus Politik.

Ochsen gehören auf den Acker und nicht in den Stadtrat.

Es gibt ja sogar eine Möglichkeit, mit politischer Hilfe aus der Sahara fruchtbares Ackerland zu machen: Man muß nur den deutschen Finanzminister hinschicken – garantiert wird dann der Sand bald knapp.

Preis:
Wer den Preis kennt, muß den Wert noch lange nicht kennen.

Problem:
Das Problem ist ein Problem. Und genau das ist das Problem an dem Problem.

Kein Problem kann so groß und schlimm sein, als daß man nicht davor davonlaufen könnte.

Problemlösungen:
Manche Lösung ist leider schlechter als das Problem.

Klar sind Politiker fehlerlos.
Denn aus Fehlern lernt man!

Prominenz:

Manchmal ergänzen sich Prominente ja ganz hervorragend: Sie ist eine »von und zu«, er ist ein »auf und davon«.

Protest:

Wer gegen alles ist, ist für gar nichts.

Ich bin dafür, daß wir dagegen sind!

Pubertät:

Wenn ich mich recht erinnere, ist das die Zeit, in der die Eltern anfangen, Schwierigkeiten zu machen.

Qualität:

Wenn es stimmt, daß die Besten jung sterben, muß man sich eigentlich fast dafür schämen, noch zu leben.

Rache:

Rache ist das einzige, was süß ist und keine Kalorien hat.

Rauchen:

Lieber ein Schwimmbecken als ein Raucherbein!

Rauchen:

Früher hat er ja mal Pfeife geraucht – aber irgendwann ist man dahinter gekommen, daß er für so eine Müllverbrennungsanlage eine Genehmigung braucht.

Relativität:

Alles ist relativ – und natürlich kann eine Mücke einen Elefanten erledigen. Entscheidend ist der Überraschungseffekt.

24 Monate sind relativ mehr als ein Jahr.

Rentner:

Manche Rentner sind so fit, daß man damit rechnen muß, sie könnten gleich auf ihr Motorrad steigen, nachdem man sie auf die andere Seite einer viel befahrenen Straße gebracht hat.

Richter:

Ich kenne einen Richter, der wurde von der Anklage der Körperverletzung freigesprochen, obwohl er ein schwebendes Verfahren niedergeschlagen hatte.

Robin Hood:

Jetzt, wo wir ihn brauchen würden, ist Robin Hood wieder nicht da.

Schaden:

Wer den Schaden hat, braucht für den Schrott nicht zu sorgen.

Wer den Schaden hat, spottet jeder Beschreibung.

Schmutzfink:

Daß er so ist, wie er ist, erfüllt zumindest eine soziale Funktion: So lange es Menschen wie ihn gibt, werden Putzfrauen nie arbeitslos.

Schnelligkeit:

Bei mir muß alles schnell gehen – wenn schon nicht gleich, dann wenigstens sofort.

Schreiben:

Es gibt viel zu tun, schreiben wir's ab.

Normalerweise kommt niemand d'rauf: sträwkcür heißt rückwärts rückwärts geschrieben.

Schriftverkehr:
Beim Schriftverkehr kann es zu einem Papierstau kommen.

Schwarzmalerei:
Ein Gutes hat es manchmal doch, den Teufel an die Wand zu malen: Man spart Tapete.

Schweigen:
Wer sich in Schweigen hüllt, hat immer was zum Anziehen.

Schweiß:
Transpiration ist die Inspiration der Angsthasen.

Lieber Schweißperlen als schmucklos!

Sicherheit:
Das einzige, was ich sicher weiß: Es gibt mit Sicherheit keine Sicherheit.

Silvester:
Am 31. Dezember 1999, wenn alle ihr Glas aufs Jahr 2000 erheben, wird Punkt Mitternacht Gott auf der Erde erscheinen. Und er wird sagen: »Prost Neujahr, Leute! Und zur Strafe macht ihr dieses Jahrhundert noch mal!«

Sitzenlassen:
Wer einem nicht liegt, den sollte man sitzenlassen.

Sklaverei:
Glückliche Sklaven sind die größten Feinde der Freiheit.

Snobismus:
Wahrer Snobismus ist es, sich seine Petersilie von Fleurop ins Haus liefern zu lassen.

Sonne:
In was für einem Land leben wir eigentlich, in dem schon morgens um sieben die Sonne aufgeht?

Sonntag:
Das beste am Sonntag ist der Samstagabend.

Spät:
Es ist nie zu spät, aber immer zu voll.

Spontanität:
Ich finde, Spontanität will gut überlegt sein.

Staat:
Unser Staat ist ein Melker mit besonders kalten Fingern.

Standhaftigkeit:
Wer sich bückt und duckt, wird verschluckt.

Bei den Menschen ist es genauso wie bei den Bäumen: Nur wer starke Wurzeln hat, kann eine große Krone tragen.

Standpunkt:
Wer gut sitzt, braucht keinen Standpunkt.

Ich meine ja, daß der beste Standpunkt immer in der Mitte ist. Es gibt da nur einen Nachteil: Man steht allem im Wege.

Standpunkt, was soll denn das heißen? Wo kämen wir hin, wenn wir stehenblieben?

Stärke:
Richtig ist: Nur die Starken überleben. Aber auch die müssen sterben.

Streit:
Wenn zwei sich streiten, freut sich der Rechtsanwalt.

Sünde:
Die Sünde ist der beste Teil der Reue.

Tag:
Die schönsten Tage im Leben sind manchmal die Nächte.

Alle Tage sind gleich lang, aber verschieden breit.

Meinst du wirklich, daß der heutige Tag nötig war?

Taktlosigkeit:
Gerade den Taktlosen muß man ab und zu mal den Marsch blasen.

Technik:
Manche Leute haben damit so große Probleme, daß sie sich nur Kinder anschaffen, damit irgend jemand in der Familie den Videorecorder programmieren kann.

Manche Leute sind so technikverliebt, daß ihnen gar nicht mehr einfällt, die Technik könne auch mal versagen. Dabei wußten schon die alten Seefahrer: Geht die Sonne auf im Westen, mußt du deinen Kompaß testen.

Manchmal bin ich wirklich überrascht, daß trotz der tollsten Technik die kleinsten Fehler große Auswirkungen haben können. Nehmen Sie mal das Telefon als Beispiel: Da reicht es, sich bei einer einzigen Ziffer zu verwählen – und schon ist man völlig falsch verbunden.

Thesen:

Hinter jeder wirklich bedeutenden Psychologie, Biologie, Philosophie und Theologie steht doch im Grunde genommen immer ein und dieselbe These: »Weil ich 'n Mädchen bin, weil ich 'n Mädchen bin…«

Tiere:

Zu Tieren sollte man nicht wie zu Menschen sein.
Ein Tier braucht Liebe.

Tierfreunde erkennt man daran, daß sie keine Pudelmützen tragen.

Tradition:

Traditionen sind was Schönes. Ich finde, man sollte jeden Tag ein paar neue schaffen.

Tränengas:

Steckt euer Tränengas weg – es gibt schon genug zum Heulen!

Träume:

Der beste Weg, seine Träume zu verwirklichen, ist aufzustehen.

Träum nicht dein Leben! Lebe deinen Traum!

Lieber ein Reihenhaus als ein Luftschloß!

Traurigkeit:
Jeder kann mal traurig sein, ich habe das sogar mal bei einem Magneten erlebt. Der war traurig, weil er nicht wußte, was er anziehen sollte.

Trost:
Man sollte nicht traurig sein, wenn's einem schlecht geht. Dafür geht es eben anderen besser.

Übelkeit:
Marmor, Stein und Eisen bricht. Und mir ist auch schon ganz schlecht.

Überraschungen:
Stets findet Überraschung statt, wo man sie nicht erwartet hat.

Umwelt:
Also, ich finde diese ganzen Proteste gegen Kernkraftwerke vollkommen überflüssig. Bei uns kommt der Strom aus der Steckdose.

Unfug:
Aller Unfug ist schwer.

Veränderung:
Wir kennen doch alle die alte Regel, nach der es erstens anders kommt – und zweitens, als man denkt.

Verständnis:
Für etwas Verständnis haben und etwas billigen sind zwei Paar Stiefel.

Volkes Stimme:
Wer noch immer nicht, den hätte man früher – und zwar für immer.

Vorahnungen:
Kauft Kämme, Leute, die Zeiten werden lausig.

Mancher hört ja jetzt schon das Gras wachsen, in das er mal beißen wird.

Lieber Blumen pflücken als ins Gras beißen!

Vorsorge:
Ich bin der Meinung, man sollte lieber Schwimmen lernen als auf die Ebbe warten.

Wahl:
Wahlen taugen nicht viel. Sonst hätte man sie in diesem Land längst schon abgeschafft.

Wer seine Stimme abgibt, hat nichts mehr zu sagen.

Wahrheit:
Ach weißt du, die Wahrheit ist wie 'ne schöne Frau: Man besitzt sie nie ganz allein.

Schon manches richtige Wort wurde mit falschen Zähnen ausgesprochen.

Warnung:
Du solltest immer wissen, bis wohin du zu weit gehen kannst!

Glauben Sie ja nicht, wer Sie sind!

Man kann's auch übertreiben, manche Leute warnen so lange vor etwas, bis es wirklich eintrifft.

Warten:

Schon unser Opa hat darauf gewartet, daß es besser wird. Und wir warten immer noch.

Wasser:

Wasser, das sich in Eis verwandelt, wird zum einen teurer und ändert zum anderen den Geschmack: Vanille, Erdbeere, Stracciatella...

Lieber mit allen Wassern gewaschen als nicht ganz sauber!

Wege:

Wege entstehen manchmal erst dadurch, daß man sie geht.

Jeder Weg beginnt mit dem ersten Schritt.

Weisheit:

Wer über den Berg kommen will, hat es weiter als zu Fuß.

Wetter:

Das Schönste am Sonnenschein ist, daß es nicht regnet.

Von allen Sagen ist die Wettervorhersage die unwahrscheinlichste.

Lieber hoch auf dem gelben Wagen als ein Tief über dem Atlantik!

Wohnungssuche:

Als ich mal nach einer billigen Bleibe suchte und eine gefunden hatte, wollte ich wissen, ob die auch ruhig wäre. »Klar«, sagte der Vermieter. Und ob es Ungeziefer gäbe, wollte ich auch wissen. »Gibt es«, sagte darauf der Vermieter, »aber das Ungeziefer ist auch sehr ruhig.«

Worte:

Beim Wort zum Sonntag fällt mir immer nur eines ein: 12, 13, 26, 34, 39, 47- Zusatzzahl 5.

Das falsche Wort zur falschen Zeit – aus ist's mit der Zufriedenheit.

Wortschatz:

Eigentlich braucht man nur fünf Sätze, um sich überall und immer durchzuschlagen: 1. Das war schon vorher kaputt. 2. Hab' ich vergessen. 3. Du bekommst das Geld morgen wieder. 4. Das haben wir schon immer so gemacht. 5. Kannst du mir das noch mal langsam erklären?

Wut:

Wer vor Wut kocht, hat deswegen noch lange nichts Warmes im Bauch.

Was lange gärt, wird endlich Wut.

Zähne:

Lieber ein steiler Zahn als ein hohler!

Zehn Gebote:

Wenn man eines der Zehn Gebote bricht, bleiben immer noch neun übrig.

Zeit:

Die Zeit flieht vergeblich. Sie wird trotzdem totgeschlagen.

Wenn die Zeit kommt, in der man könnte, wie man wollte, ist die vorüber, in der man kann, wie man will.

Nimm dir Zeit, so viel du willst. Die liegt hier sowieso nur 'rum.

Lieber fünf vor zwölf als keins nach eins.

Zeitschriften:
Manche Leute wissen vermutlich gar nicht, warum sie nach diesem oder jenem Blatt greifen – ich kann mir gut vorstellen, daß viele den Playboy auch nur wegen des Wirtschaftsteils kaufen.

Ziele:
Wer keine Ziele hat, darf sich nicht wundern, wenn er ganz woanders ankommt.

Zukunft:
Die Zukunft verschont keinen von uns.

Die Zukunft ist auch nicht mehr das, was sie einmal war.

Was sollen wir schon an der Vergangenheit ändern? Gehen wir doch gleich an die Zukunft 'ran!

Es war einmal, sagte die Zukunft und ging schlafen.

Manche Leute behaupten, sie könnten die Zukunft aus dem Kaffeesatz herauslesen, und wissen nicht mal, daß man den Kaffee vorher austrinken muß.

Zwillinge:
Ein Zwilling kommt selten allein.

Einmal ist zweimal.

Gut gezielte Eigentore

Schlagfertigkeiten, mit denen wir uns selbst auf die Schippe nehmen

Falsch machen kann man mit diesen Zwischenbemerkungen kaum etwas. Zwar wird damit knallhart auf die Schadenfreude der Zuhörer gebaut und manchmal ein Ziel unterhalb der Gürtellinie anvisiert. Aber niemand wird verletzt, denn wir beziehen den Wortwitz auf uns selbst, ohne jemand anderem auf die Füße zu treten.
Das ist auch deshalb eine sehr sympathische Form der Schlagfertigkeit, weil wir auf diese Weise am besten unseren Humor unter Beweis stellen können. Wir nehmen uns selbst auf den Arm, machen uns zur Zielscheibe des Spotts – und können schon dadurch einen gewaltigen Sympathiebonus verbuchen. Denn wer lachen kann, kommt an – wer über sich selbst lachen kann, kommt am besten an. Da bewahrheitet sich, was der deutsche Philosoph Friedrich Wilhelm Nietzsche einmal so gesagt hat:
Lachen heißt: schadenfroh sein, aber mit gutem Gewissen.
Gefahren drohen mit diesen Schlagfertigkeiten also kaum – trotzdem ist ein bißchen Vorsicht und Zurückhaltung angesagt. Denn zu dick sollte man nicht auftragen. Sonst könnte es passieren, daß man den gerade verbuchten Bonus wieder verliert, weil man unbewußt den schmalen Grat zwischen Witz und Trotteligkeit überschreitet – und sich zum Affen macht. Und wer will schon gern seine Autorität verlieren? Und falls Sie mal an jemanden geraten, der absolut keinen Draht für diese höhere Form des Humors hat: Nicht ärgern! Sie wissen, wie geistreich Sie sind!

Herausragendes Merkmal all dieser Schlagfertigkeiten ist, daß jedes Ereignis oder jede Aussage auf die eigene Person bezogen oder umgemünzt wird. Nehmen wir mal an, jemand erzählt von seinem letzten Friseurbesuch, dann könnte Ihre Reaktion so ausfallen:

»Zum Friseur müßte ich auch mal wieder, aber meine Kasse hat mir den neuen Krankenschein noch nicht geschickt.«

Die Situationen sind beliebig, die Masche bleibt dieselbe. Noch ein Beispiel: Wenn jemand anderer mit seinen Kochkünsten prahlt, könnte die Reaktion folgende sein:

»Also, ich traue mich jetzt überhaupt nicht mehr in die Küche, nachdem mir neulich sogar beim Kaffeekochen das Wasser angebrannt ist.«

Am besten kommen dabei immer solche Aussagen an, mit denen man entweder Selbstverständlichkeiten (wie das Wasserkochen) abstreitet oder sogar Tabus auf die Schippe nimmt. Etwa bei der leidigen Frage nach dem Alter:

»Also, ich sage mein Alter freiwillig – wenn nämlich erst mal das Schätzen losgeht, schneide ich immer ganz schlecht ab.«

Nun müssen es nicht – die Beispiele auf den folgenden Seiten zeigen es – immer ellenlange Sätze mit komplizierten Gedankengängen sein, mit denen man seine Selbstironie unter Beweis stellt. Natürlich macht auch so etwas Spaß, aber am prägnantesten ist die Kurzform mit Überraschungseffekt. Beispielsweise, wenn man im Restaurant gefragt wird, wie viele Plätze man benötigt:

»Seitdem ich abgenommen habe, brauche ich nur noch einen.«

Oder wenn es darum geht, wer von den am Tisch sitzenden Personen denn die Zeche bezahlt:

»Ich habe kein Geld, fragen Sie meinen Bewährungshelfer hier links.«

Am besten ist immer: ausprobieren. Auf den folgenden Seiten finden Sie ausreichend Anregungen dafür.

Witzige Eigentore mit Schlagfertigkeiten von A – Z

Ahnungen:
Manchmal ahne ich, daß ich von dem jeweiligen Thema keine Ahnung habe.

Ich habe von nichts die geringste Ahnung. Aber davon unendlich viel.

Ich hab' zwar keine Ahnung, wo es langgeht, aber ich werde mich beeilen.

Alkohol:
Bei mir verursacht Alkohol immer eine Leder-Allergie: Jedesmal, wenn ich nach viel Alkohol einschlafe und es nicht mehr geschafft habe, die Schuhe auszuziehen, tut mir am nächsten Morgen der Kopf weh.

Natürlich ist der Alkohol eine teuflische Sache, die vernichtet werden muß – deshalb trinke ich ihn ja.

Ich hab' mir jetzt vorgenommen, abends nicht mehr soviel zu trinken – weil mir danach nachts ein paarmal der Klodeckel auf den Kopf gefallen ist.

Seit ich weiß, daß Dummheit frißt und Intelligenz säuft, halte ich mich mehr an Hochprozentiges.

Bevor ich zu den Anonymen Alkoholikern geh', bleibe ich lieber ein stadtbekannter Säufer.

Alter:
Also, das sag' ich dir: Ich war ja auch mal jung. Aber sooo jung bestimmt nicht!

Ich weiß nicht, wie alt ich bin. Das ist jeden Tag verschieden.

Klar werde ich nur halb so alt, wenn ich zuviel trinke. Aber dafür sehe ich alles doppelt. Das gleicht sich wieder aus.

Anerkennung:
Es ist einfach schwer, Anerkennung zu finden. Wenn ich einem Hund das Fliegen über 'nen Bach beibringe, gibt's bestimmt wieder welche, die sagen, das Tier sei wasserscheu.

Angebote:
Was hältst du von folgenden Gewinnen in einem Preisausschreiben? Erster Preis: ein Abend mit mir; zweiter Preis: zwei Abende mit mir; letzter Preis: mich.

Angst:
Ich fürchte mich vor nichts. Ich habe nur vor allem Angst.

Keiner hat Angst vor mir. Nur ich selbst.

Ansehen:
Was stört es mich, wenn jemand das Bild, das er sich von mir macht, beschmutzt?

Anträge:
Ich suche die Einsamkeit. Kommst du mit?

Antworten:
Klar bin ich auf der Suche nach Antworten. Mein Problem ist nur: Ich kenne die Fragen nicht.

Apathie:

Was Apathie ist? Mir doch wurscht!

Arbeit:

Unsere Firma ist wie meine Jeans: An allen entscheidenden Stellen sitzen Nieten.

Um bei uns zu arbeiten, muß man nicht blöd sein. Aber es erleichtert die Sache ungeheuer, wenn man es ist.

Das einzige, was in unserer Firma klappt, sind die Türen.

Bei uns wird Hand in Hand gearbeitet. Was die eine nicht schafft, läßt die andere liegen.

Der einzige Reiz, den ich bei meinem Job empfinde, ist der Brechreiz.

Ich habe es jetzt geschafft, mir die Zeit im Büro richtig einzuteilen: Mit der Arbeit bin ich drei Wochen zurück, mit den Kaffeepausen vier Wochen voraus.

Mir geht's wie Robinson Crusoe: Ich warte immer auf Freitag.

Klar macht Arbeit Spaß! Aber ich bin völlig humorlos!

Mein Motto ist: Baue auf und reiße nieder, dann hast du Arbeit immer wieder.

Aufstehen:

Mir fällt das Aufstehen jeden Morgen so schwer, daß ich mir wünschte, ein Teppich zu sein: Da könnte ich immer liegenbleiben.

Aufwachen:
Ich wache morgens zwar meistens zerknittert auf – aber das gibt mir wenigstens die Chance, mich tagsüber zu entfalten.

Ausruhen:
Ich habe die Angewohnheit, mich schon dann auszuruhen, wenn ich noch gar nicht müde bin.

Aussehen:
Mich kann man nicht beschreiben. Mich muß man riechen.

Das Schönste an mir bin ich.

Ich habe heute morgen gedacht, bei mir im Bad hätte jemand einen Picasso aufgehängt. Aber dann habe ich gemerkt: Es war nur mein Spiegelbild.

Auto:
Ob das mein Wagen ist? Ja, aber nur manchmal: Wenn ein Fußballspiel stattfindet, gehört er meinem Sohn; wenn Disco ist, gehört er meiner Tochter; wenn donnerstags die neuen Supermarkt-Sonderangebote herauskommen, gehört er meiner Frau – aber wenn er schmutzig oder der Tank leer ist und in die Werkstatt muß – dann gehört er mir.

Natürlich habe ich auch oft Ärger mit dem Auto – aber zuverlässig ist der Wagen trotzdem – weil er regelmäßig nicht anspringt.

Im Winter hab' ich keine Angst, daß die Karre gestohlen werden könnte. Wenn der Autodieb das schaffen sollte, muß er mir mal erklären, wie man die Karre bei Kälte zum Anspringen bringt.

Babysitting:
Ich war neulich ganz stolz darauf, mit den Kindern so gut klargekommen zu sein, sogar gebadet hab' ich sie. Aber dann hat meine Tochter mich darauf aufmerksam gemacht, daß die Mutter ihnen immer vorher die Schuhe auszieht.

Berufswahl:
Für mich gibt es nur einen Traumberuf: im Schlaf reich werden.

Wenn ich noch mal auf die Welt komme, werde ich Lehrer: Vormittags hat man immer recht und nachmittags immer frei.

Wenn ich noch mal wählen müßte, würde ich mich wahrscheinlich als Nachrichtensprecher beim Rundfunk bewerben: fünf Minuten arbeiten – 55 Minuten frei.

Bescheidenheit:
In puncto Bescheidenheit gilt für mich immer das Motto: Besser ich hab's, als ich hätt's.

Das Beste:
Alle wollen mein Bestes. Aber wo soll ich das ganze Geld hernehmen?

Betrachtung:
Alles im Leben hängt immer nur davon ab, wie man es betrachtet. Und wenn ich an irgendeiner Sache gar nichts Positives erkennen kann, mache ich einfach mal die Augen zu.

Ich wollte mal in den Öffentlichen Dienst,
bin aber beim Eignungstest durchgefallen.
Ich hab's einfach nicht geschafft,
am frühen Vormittag innerhalb von zehn Minuten
einzuschlafen.

Blutprobe:

Gestern haben die mir auf der Polizeiwache 'ne Blutprobe genommen. Ich sage dir: Von dem Destillat konnten die locker 'nen Kameradschaftsabend feiern!

Champagner:

Mein größtes Alkoholproblem ist, daß ich nicht genug Geld hab', mir Champagner zu kaufen.

Chaos:

Nur Idioten halten Ordnung. Ein Genie wie ich beherrscht das Chaos.

Wo ich bin, ist Chaos! Aber ich kann ja nicht überall gleichzeitig sein!

Chef:

Bei uns gibt's jetzt vor dem Büro des Chefs 'ne Ampel: Damit die Kriecher nicht immer von den Radfahrern überfahren werden.

Mein Chef hat mir neulich gesagt, ich wäre das beste Pferd im Stall. Dann hat er mir gesagt, warum: Weil ich den meisten Mist mache.

Denken:

Ich denke, also spinn' ich.

Manchmal denke ich und manchmal bin ich.

Durst:

Ich kann wirklich alle Plagen, aber keinen Durst ertragen.

Eigenlob:
Wenn ich mal tot bin, werde ich mir echt fehlen.

Wer mich verdient hat, muß einen Kredit aufnehmen.

Einparken:
Wenn ich einparke, dann geht das immer ähnlich zu wie beim Karambolage-Billard.

Ich parke immer nach Gehör. Wenn's scheppert, habe ich noch zehn Zentimeter.

Einsamkeit:
Einsamkeit kenne ich gar nicht. Ich bin schizophren. Das hat den Vorteil, daß man nie allein ist.

Einsicht:
Ich denke gar nicht daran, in mich zu gehen. Ich kann diese vollen Räume nicht ausstehen!

Eltern:
Also, ich ziehe bei meinen Eltern den Vatertag dem Muttertag vor. Der kommt mich billiger: Mein Vater mag keine Blumen.

Erdkunde:
Den praktischen Beweis dafür, daß die Erde eine Kugel ist, kann man sich bei jedem Schuhmacher anschauen. Weshalb sonst laufen sich alle Leute die Absätze schief?

Erkältung:
Der Kopf dröhnt, und die Nase leckt. Ich hab' mich wohl wo angesteckt!

Fahrrad:

Mich hat neulich ein Polizist angehalten und gesagt, ich solle absteigen, weil das Licht nicht ginge. Ich hab' ihm gesagt, daß das Licht auch dann nicht geht, wenn ich absteige.

Fahrunterricht:

Ich habe mich am Anfang auch ziemlich vorsichtig verhalten. Als der Fahrlehrer gesagt hat, ich sollte die Pfeile auf der Fahrbahn beachten, hab' ich erst mal nach den Indianern Ausschau gehalten.

Ich war anfangs auch kein Talent und bin die ersten Fahrstunden nur hin und her gefahren – immer einen halben Meter hin und einen halben Meter zurück, weil ich nicht aus der Parklücke gekommen bin.

Ich hab' mich am Anfang fürchterlich über die vielen Fußgänger geärgert – aber dann hat mir der Fahrlehrer verboten, auf dem Bürgersteig zu fahren.

Fehler:

Wenn ich meine Fehler nicht hätte, wäre ich absolut perfekt.

Feigheit:

Also, ich kann es auch nicht ausstehen, von Feiglingen umgeben zu sein, die sich alle hinterm Baum verstecken und mir dort den Platz wegnehmen.

Also, weißt du: Ich bin lieber fünf Minuten feige als ein Leben lang tot.

Was heißt hier feige? Ich habe lediglich den Helden in mir besiegt.

Figur:
Irgendwie muß ich im Urlaub doch ganz schön zugenommen haben. Jedesmal, wenn ich an den Strand kam, haben mich die Leute von der Aktion »Rettet die Wale« wieder ins Wasser gezogen.

Ich will gern fett sein – 's kann nicht jede beim Ballett sein.

Ich bin nicht zu fett. Ich bin nur 20 Zentimeter zu klein!

Ich kann essen, was ich will, ich nehme einfach nicht ab.

Alles wird jeden Tag schwerer. Auch ich.

Flirten:
Also, mir ist es bei meinem letzten Flirt genauso gegangen wie dem Baggerfahrer, der neulich in der Innenstadt das Starkstromkabel zerfetzt hat: Kaum hatte ich bei der Frau zu graben angefangen, bekam ich auch schon eine gefunkt.

Frauen:
Warum nur sind Frauen so kritisch, wo wir Männer doch die Größten, Schönsten und Klügsten sind?

Freiwilligkeit:
Wenn irgendwo darum gebeten wird, daß Freiwillige vortreten, gehe ich immer einen Schritt zur Seite, um den anderen nicht im Weg zu stehen.

Freundin:
Falls mein Mann mal mit meiner besten Freundin durchbrennen sollte, wird sie mehr sehr fehlen.

Ich will gerne fett sein –
's kann nicht jede beim Ballett sein.

Friseur:

Ich wollte gestern auch zum Friseur gehen, aber der hat mich wieder weggeschickt – und gesagt, da könne nur noch der Chirurg helfen.

Fußball:

Mein Arzt hat mir jetzt geraten, den Fußball aufzugeben. Aber nicht aus gesundheitlichen Gründen, sondern weil er mir beim Spielen zugeschaut hat.

Gebrauchtwagen:

Ich habe erst spät gemerkt, was der Gebrauchtwagenhändler mit dem Begriff Auslaufmodell meinte:
Die Karre verliert jede Menge Wasser und Öl.

Gehalt:

Ich habe meinen Chef neulich gebeten, mein Gehalt um 100 Mark zu kürzen – dann habe ich nämlich Anspruch auf Sozialhilfe.

Gehaltserhöhung:

Um bei uns in der Firma mehr Mäuse zu kriegen, muß man schon auf dem Tisch tanzen.

Geld:

Bei mir ist am Ende vom Gehalt immer noch so schrecklich viel Monat übrig.

Ich warte auf ein Zeichen von Gott! Zum Beispiel könnte er das Defizit auf meinem Konto beseitigen.

Für Geld mach' ich alles! Sogar arbeiten!

Ich weiß eigentlich gar nicht, wieviel ich jeden Monat zum Leben brauche – denn soviel Geld hatte ich noch nie zur Verfügung.

Genie

Ich spüre das Genie in mir.

Ich weiß: In mir schlummert ein Genie. Aber ich krieg' das verdammte Biest nicht wachgerüttelt.

Gerichtsvollzieher:

Neulich kam so ein netter Mensch auch zu mir, und ich habe ihm erst mal einen Stuhl angeboten. Aber das reichte ihm nicht: Er wollte alle Möbel.

Geruch:

Wie man sich fettet, so riecht man.

Glatze:

Meine Glatze ist FKK auf höchster Ebene.

Ich finde meine Glatze gut. Weißt du warum? Weil Haare zu den Sumpfpflanzen gehören und nur auf Wasserköpfen wachsen.

Gruppenlob:

Solche Sechs wie uns Fünf gibt's keine Vier mehr auf der Welt! Da sind wir Drei schon die zwei einzigen!

Halbbildung:

Ich bin bisher immer mit einer gesunden Halbbildung durchs Leben gekommen – und eigentlich weiß ich nichts. Aber ich hab' mir immer einen Nebenmann gesucht, der alles wußte.

Handschrift:

Mir hat neulich ein Graphologe die Handschrift gedeutet – voll daneben. Der meinte doch tatsächlich, ich wäre aggressiv und neige zu Gewalttätigkeiten. So ein Unsinn. Aber wenn ich den erwische, werde ich ihm ordentlich die Fresse polieren.

Hausmusik:

Bei uns in der Familie sind auch alle musisch sehr begabt, und jeder spielt ein Instrument: meine Frau Radio, ich CD-Player und die Tochter Walkman.

Humor:

Meinen Humor erkennst du daran, daß es ihn nicht gibt.

Intelligenz:

Ob es Intelligenz auf der Erde gibt? Woher soll ich das wissen? Ich bin hier nur zu Besuch.

Irrtümer:

Natürlich ist Irren menschlich. Aber bin ich gleich unmenschlich, nur weil ich immer recht habe?

Ich finde, es ist nicht schlimm, wenn man sich irrt, solange es zum eigenen Vorteil geschieht.

Kantine:

In unserer Kantine gibt's die besten UFOs. Du weißt nicht, was das ist? Na ganz einfach: undefinierbare fleischähnliche Objekte.

Karriere:

Angeblich soll sich ja früh üben, wer ein Meister werden will. Das geht aber bei mir nicht – ich stehe immer viel zu spät auf.

Kartenspiele:
Ich hole auch gern mal das Skatblatt heraus, um eine schöne Partie zu spielen – dumm ist nur, daß mich die anderen dann immer fragen, welches Spiel ich eigentlich spiele.

Kater:
Ich hab' heute so einen Kater – da ist bestimmt meine ganze Arbeit für die Katz'.

Nicht jeder, der einen Kater hat, ist ein Tierfreund.

Kinder:
Also, ich füttere die Kinder immer mit Knoblauch, dann findet man sie auch im Dunklen.

Unsere Kinder können die schlechten Eigenschaften nicht von mir geerbt haben – ich habe meine alle noch.

Kleidung:
Jeden Morgen habe ich Schwierigkeiten mit meiner Nase und meinen Ohren. Nämlich immer dann, wenn ich meinen engen Pullover anziehe.

Kneipe:
Ich habe das Problem, daß meine Frau sich ständig in irgendwelchen Wirtshäusern herumtreibt – weil sie mich sucht.

Kochkünste:
Ich habe neulich auch mal ein bißchen in der Küche experimentiert, mit dem neuen Mixer. Na ja, und anschließend habe ich eben die Küche renoviert.

Können:

Herr, du hast mir das Können genommen, nimm mir auch das Wollen.

Ich kann nichts, aber davon alles!

Körper:

Ich kann tun, was ich will, mein Körper ist immer dabei.

Küssen:

Bei mir gilt die Devise: Erst küssen, dann fragen.

Latein:

In Latein hab' ich immer geschlafen. Nur eines habe ich mir gemerkt, den lateinischen Namen von Wanne-Eickel: Castrop Rauxel!

Leben:

Ich will leben, nicht gelebt werden.

Entschuldige, daß ich lebe. Ich werde es auch nie wieder tun.

Wenn das Leben ein Spiel ist – warum haben dann immer die Schiedsrichter etwas gegen mich?

Lebensphilosophie:

Mein Lebensmotto: Schwach anfangen – und dann ungeheuer stark nachlassen.

Liebe:

Ich liebe alle Menschen. Aber mal ehrlich: Wann trifft man schon mal einen?

Liebe ist etwas Großartiges – ich hab' schon jede Menge darüber gelesen.

Wir sind füreinander bestimmt: Du liebst mich. Und ich liebe mich.

Liebeskummer:

Wenn du eine Träne in meinem Auge wärst, würde ich nicht weinen, um dich nicht zu verlieren.

Liebesschwur:

Ich schwöre dir, Baby: In meinen Zimmer rußt der Ofen, in meinem Herzen ruhst nur du.

Literatur:

Charles Bukowski ist tot, Thomas Mann ist tot – und ich finde meinen Kugelschreiber nicht mehr.

Früher las ich Kant, Hegel und Nietzsche. Aber dann entdeckte ich Pumuckl und Pippi Langstrumpf.

Lösungen:

Ich habe eine ganz tolle Lösung! Mir fehlt nur noch das passende Problem.

Lotto:

Also, ich schlafe jetzt jede Nacht nur noch mit meiner Brille. Neulich hab' ich nämlich die richtigen Lottozahlen geträumt – und konnte sie nicht erkennen.

Ich traue mich gar nicht, Lotto zu spielen, weil mir noch immer nicht eingefallen ist, wo ich das viele Geld vor meiner Familie verstecken soll.

Männer:
Keiner hat ihn wollen. Und ich habe ihn bekommen.

Warum nur sind Männer so kritisch, wo wir Frauen doch die Größten, Schönsten und Klügsten sind?

Menschen:
Ich mag Menschen, aber ich kann Leute nicht ausstehen.

Mißmut:
Ich bemühe mich darum, mir schlechte Laune nie ansehen und die Mundwinkel nie hängen zu lassen. Da wäre die Gefahr viel zu groß, die Unterlippe beim Zuknöpfen der Hose einzuklemmen.

Müdigkeit:
Wie kommt es, daß ich am Abend immer viel müder bin als am Morgen?

Nächstenliebe:
Der Satz »Liebe deinen Nächsten wie dich selbst« geht bei mir nicht: Ich bin Masochist.

Nacht:
Meine Nächte sind Tage ohne Licht.

Natur:
Was heißt: Die Natur gibt nie auf! Schau mich an!

Ordnung:
Mit der Ordnung habe ich gar keine Probleme – das wahre Genie findet sich schließlich auch im absoluten Chaos zurecht.

Was heißt hier, ich bin unordentlich? Ich bin lediglich flexibel!

Ordnung ist das halbe Leben? Na und? Dann lebe ich eben in der anderen Hälfte.

Party:
Ich bin immer dabei, wenn's etwas zu feiern gibt – lieber die Sau 'rauslassen als auf den Hund kommen.

Pflicht:
Die Pflicht ruft. Gut, daß ich taub bin.

Planung:
Planung ist für mich ein Greuel: Was ich morgen muß besorgen, macht mir schon seit gestern Sorgen.

Polizeikontrolle:
Als ich neulich bei Rot über die Kreuzung gefahren bin und der Polizist »Stop, 400 Mark« rief, hab' ich sofort reagiert: »Einverstanden, die Karre gehört Ihnen.«

Praxis:
Ich bin praktisch veranlagt. Bei mir funktioniert alles, ich weiß nur nicht, warum.

Protest:
Ich bin dafür, daß wir dagegen sind.

Rauchen:
Ich habe auch mal versucht, mir das Rauchen abzugewöhnen – mit Akupunktur. Aber dann hab' ich die Nadeln wieder 'rausgenommen aus den Zigaretten.

Ich rauche meine 80 täglichen Zigaretten jetzt nur noch vormittags – den Nachmittag brauche ich zum Husten.

So schwer ist es doch gar nicht, vom Raucher zum Nichtraucher zu werden und sich das Qualmen abzugewöhnen – ich hab's schon mindestens zwanzigmal geschafft.

Ich würde euch ja gern mal eine von meinen Zigaretten anbieten, aber die stecken leider noch im Automaten.

Mir ist längst aufgefallen, daß du am liebsten holländische Zigaretten rauchst: van anderen.

Reichtum:

Ich hab' schon oft gehört, daß reiche Leute ihr Geld nachts unters Kopfkissen legen, damit es ihnen nicht geklaut wird. Die Idee find' ich gar nicht schlecht – aber bei mir geht das nicht: Ich darf nicht so hoch schlafen.

Restaurant:

Ich esse im Restaurant immer auf. Lieber den Magen verrenken als dem Wirt was schenken.

Früher bin ich nicht so gern auswärts essen gegangen – bis ich mein Volkshochschuldiplom für unfallfreies Essen mit Messer und Gabel gemacht hatte.

Schönheit:

Wer schöner ist als ich, ist geschminkt.

Schule:

Am liebsten hätte ich meine Einschulung aus Gewissensgründen verweigert.

Ich lerne fürs Leben. Und wer lernt für mich?

Wenn zu mir einer kommt und erzählt,
er wäre so reich, daß er die ganze Welt kaufen
könnte, kann mich das gar nicht beeindrucken.
Ich sage ihm einfach, daß ich nicht verkaufen will.

Ich war schon in der Schule immer viel schlauer als mein Lehrer. Ich konnte nämlich mein Geschriebenes lesen – er nicht.

Lernen ist Bildung. Bildung ist Luxus. Und Luxus lehne ich ab.

Ich war schon in der Schule der Liebling von allen. Zum Beispiel ließen mich die Lehrer fast jede Klasse doppelt machen, nur um mich zu behalten.

Wegen mir wurden früher immer ganz kleine Elternabende eingerichtet: nur mein Vater, der Lehrer und der Direktor.

Schwächen:
Jeder Mensch hat Schwächen. Meine größte bist du.

Selbsteinschätzung:
Früher war ich jung und schön. Heute bin ich nur noch und.

Ich bin auch nicht mehr das, was ich nie war.

Früher war ich gut. Jetzt bin ich nur noch hilfreich und edel.

Für die Welt bin ich irgend jemand. Aber für irgend jemand bin ich die Welt.

Nimm's leicht – nimm mich!

Wenn du die einfachen Dinge des Lebens liebst, dann bist du bei mir genau richtig.

Selbstmitleid:
Alle Leute ziehen mich auf. Manchmal komme ich mir schon vor wie 'ne Uhr.

Selbstzweifel:
Ich weiß nicht, was soll ich bedeuten?

Wenn ich so bin, wie ich bin, bin ich ich.

Sonne:
Die Sonne scheint mir auf den Bauch. Und genau das soll sie auch.

Spiegel:
Heute früh habe ich in den Spiegel geguckt und gesagt: Ich kenn' dich nicht, ich schminke (rasiere) dich trotzdem.

Sport:
Natürlich wäre ich auch gern sportlich und hätte gern Muskeln – aber die müssen ja auch zu einem passen. Ich will ja hinterher nicht aussehen wie ein Spatz mit Krampfadern.

Sportmuffel:
Ich bekomme schon Muskelkater, wenn ich zu lange die Sportschau sehe.

Standesdünkel:
Ich weiß, daß ich über meine Verhältnisse lebe! Aber ich lebe noch lange nicht standesgemäß!

Stimme, innere:
Meine innere Stimme ist gerade heiser.

Studium:

Ich habe damals in der Aufnahmeprüfung den Tip bekommen, künftig Lotto zu spielen. Bei 49 Fragen hatte ich nämlich genau sechs richtige.

Tagebuch:

Seit ich mein Tagebuch weggeworfen habe, führe ich einen Sündenblock.

Technik:

Ich habe mich auch schon als Heimwerker versucht und ein Bügeleisen repariert. Hinterher hatte ich sogar so viele Teile übrig, daß ich davon noch einen Fotoapparat basteln konnte. Schade ist nur, daß man sich an der Kamera immer die Hände verbrennt und die Fotos aus dem Bügeleisen sehr unscharf sind.

Tennis:

Kennst du den Unterschied zwischen Politikern und guten Tennisspielern? Bei guten Tennisspielern freut man sich auf den zweiten Satz.

Tierwelt:

Ich habe mir auch lange den Kopf darüber zerbrochen, warum Hühner Eier legen. Aber eigentlich ist das ganz klar: Wenn sie sie werfen würden, gingen alle kaputt.

Trinken:

Ich trinke nie – außer wenn ich allein oder in Gesellschaft bin.

Was Krupp in Essen, bin ich im Trinken.

Ich mißtraue allem Fremden, außer es läßt sich trinken.

Ich trinke wenig und selten, aber wenn, dann viel und oft.

Trunkenheit:
Ich bin nie betrunken. Ich fall' schon immer vorher um.

Verfolgungswahn:
Was heißt hier Verfolgungswahn? Was kann ich dafür, daß mich alle auf dem Kieker haben?

Verkehrssünden:
Ich habe jetzt den schnellsten Weg gefunden, von hier nach Flensburg zu kommen – man muß sich nur mit Tempo 120 auf der Hauptstraße erwischen lassen.

Ich werde so oft von der Polizei erwischt, daß meine Scheibenwischer mittlerweile nur noch als Klemmen für die Strafzettel dienen.

Verkehrsunfall:
Als ich mit dem Wagen in die Werkstatt gekommen bin und dem Meister gesagt habe, daß ich mit der Karre gegen einen Baum gefahren bin, hat er mich nur gefragt: »Wie oft?«

Versuchung:
Ich kann allem widerstehen, außer der Versuchung.

Vogelkunde:
Ich kenne mich mit Vögeln zwar nicht so gut aus, aber immerhin weiß ich, warum Störche und Kraniche auf einem Bein stehen: wenn sie das nämlich auch noch anheben würden, fielen sie auf den Schnabel.

Vorurteile:

Ich habe überhaupt keine Vorurteile – ich hasse jeden!

Wein:

Ich habe jetzt damit angefangen, mir ein wenig Wissen über Weine anzueignen. Immerhin ist mir schon klar, daß Rheinwein vom Rhein kommt und Moselwein an der Mosel wächst. Und am Vesuv – da wird Glühwein angebaut.

Weisheit:

Die Weisheit verfolgt mich. Aber ich bin schneller!

Weiterbildung:

Ich war auch neulich mal in so einem Seminar. Da hat der Dozent vier Stunden lang an einem Stück gesprochen – aber er hat leider nicht gesagt, worüber er redet.

Wichtigkeit:

Ich versuche immer, mich nicht so wichtig zu nehmen. Weil ich sonst die Bodenhaftung verliere – und mir an jeder Tür eine Beule hole.

Willen:

Also, ich hab' zwar keine Ahnung, was ich will – aber das mit ganzer Kraft.

Wissen:

Ich weiß viel, gerade deswegen weiß ich manchmal nicht mehr weiter.

Zensuren:

Also, ich hab' lieber 'ne Sechs als gar keine persönliche Note.

Starker Tobak für flinke Zungen:

Schlagfertigkeiten, die unter die Gürtellinie gehen

Hier ist nun eine Steigerungsmöglichkeit kaum mehr drin. Da wird gelästert und gestichelt, was das Zeug hält, da wird unverblümt auf Schwächen gezielt, da geht fast jeder Schlag unter die Gürtellinie. Womit hier allerdings nicht die sexuelle, sondern die Gürtellinie für Beleidigungen gemeint ist.

Genau genommen – vielleicht erinnern Sie sich noch an einen Satz auf den ersten Seiten dieses Buches – ist das Schlagfertigkeit in ihrer reinsten Form. Eine Beleidigung im Frack, aber hier lassen wir sogar den Frack noch weg. Was bedeutet: Ein bißchen Vorsicht ist angebracht. Wer sein »Opfer« nicht genau kennt, wem die Runde nicht vertraut ist, der sollte denn doch lieber auf eine der harmloseren Bemerkungen aus den vorhergehenden Kapiteln ausweichen.

Denn soviel ist klar: Manche der hier als Anregungen aufgenommenen Sprüche könnten bei genauer Prüfung und strengster juristischer Auslegung bereits den Tatbestand der Beleidigung erfüllen.

Schauen wir uns ein paar dieser Sprüche doch mal genauer an. Angenommen, da hat sich jemand einen neuen Kleinwagen gekauft und zeigt Ihnen sein neues Auto. Dann könnten Sie wortlos staunen – oder sofort in die Offensive gehen:

»Also, ich finde den Wagen sehr schön – aber sag' mal, bekommt der Kleine eigentlich noch Milch oder kriegt der schon richtiges Benzin?«

Das war nun noch einer von der harmloseren Sorte. Aber wir können uns ja gleich mal steigern, und jetzt wird es

persönlich: Stellen Sie sich vor, jemand taucht in neuer Garderobe auf und trifft unglücklicherweise auf Sie – schon geht's los:
»Ja, die sind ja echt schick, deine neuen Sachen – aber gab's die denn nicht in der richtigen Größe?«
Das reicht zwar noch nicht für eine Beleidigungsklage, aber wenn der andere gar keinen Spaß versteht, gibt es jetzt eine Person mehr, die Sie nicht mehr grüßt.
Oder Sie gehören zu denen, die lieber einen Freund verlieren als einen guten Gag verschenken, und legen noch eins drauf, wenn das Stichwort Friseur fällt:
»Wieso willst du eigentlich zum Friseur gehen – macht der jetzt auch schon Schönheitsoperationen?«
Besonders nett ist es in solchen Situationen immer, wenn der andere dann noch kontert, weil er Ihren Gag nicht einfach im Raum stehenlassen will. Solche Situationen lassen sich nämlich hervorragend nutzen, um noch mal nachzulegen. Also nehmen wir an, Ihr Gegenüber will Ihnen nachträglich den Wind aus den Segeln nehmen, indem er sagt, er wäre doch bereits beim Friseur gewesen, ob man das nicht erkennen könne?
»Doch, doch, klar sehe ich das – aber mach' dir deshalb keine Sorgen. Den Prozeß gegen deinen Figaro wegen Körperverletzung gewinnst du ohne jede Mühe.«
Natürlich ist es immer gut, wenn man schon auf solche Doppelschläge vorbereitet ist. Und wenn man auch sonst möglichst viele von den Schlagfertigkeiten aus dieser Abteilung im Hinterkopf hat. Denn es könnte ja sein, daß der andere auch nicht auf denselben gefallen ist und ebenfalls schwerere Geschütze auffährt. Wenn sich beide richtig darauf verstehen, kann's ein spannender Abend werden.
Spannend auch wegen der Frage, wem zuerst die verbale Munition ausgeht. Damit das nicht Sie sind, haben wir seitenweise Anregungen zusammengestellt. Aber nicht vergessen: Manchmal ist weniger mehr...

Total freche Schlagfertigkeiten zu allen Gelegenheiten und Stichworten von A – Z

Abitur:

Du hast recht! Es ist eine Unverschämtheit, daß sie dich durchs Abitur haben fallen lassen. Wo man die Unwissenheit eines Menschen nicht zu seinem Schaden ausnutzen soll.

Abschied:

Man soll gehen, wenn es am schönsten ist. Aber darauf, daß es hier schön wird, will ich jetzt nicht noch länger warten.

Ich warte jetzt schon die ganze Zeit darauf, daß Sie endlich aufbrechen – na gut, dann tue ich's eben.

Ahnen:

Wenn du mal Ahnenforschung betreiben willst, kostet das nur fünf Mark – nämlich den Eintritt für den Zoo.

Weißt du, was dein Schicksal ist? Wenn du von etwas eine Ahnung hast, merkt's keiner. Wenn du aber von nichts eine Ahnung hast, merkt's jeder.

Daß du keine Ahnung hast, merkt jeder. Aber daß du selbst es nicht merkst, muß man nicht ahnen, sondern das kann man sehen.

Alkohol:

Wenn du mir grün bist, bist du meist blau.

Dich kann ich nicht mal betrunken für voll nehmen.

Ein Alkoholiker wie du, der nicht ganz dicht im Kopf ist, hat eine Blaumeise.

Alleinsein:
Ich mag nicht, daß du dauernd an mich denkst. Ich will auch mal mit mir allein sein.

Alles:
Ich gab dir alles. Und du mir? Nur dich!

Alter:
Ach mein Junge – so jung wie du war ich auch mal. Vielleicht sogar noch jünger.

Wenn du erst in die besten Jahre kommst, sind die guten schon vorbei.

Es ist ja normalerweise unfein, über das Alter anderer zu sprechen. Aber hier ist das ja gar nicht nötig, denn dir sieht man's ja wirklich ohne Mühe an.

Anmachen:
Es gibt viel zu tun. Mach' mich an.

Nehmen Sie sofort die Hand von meinem Knie! Ich zähle bis tausend!

Anwalt:
Laß mich bloß in Ruhe! Mein Bruder ist Anwalt!

Du solltest nur noch versuchen, mit anderen ins Gespräch zu kommen, wenn du deinen Anwalt in der Nähe hast.

Arbeit:

Die Klugen leben von den Dummen. Die Dummen leben von der Arbeit.

Wer arbeitet, wird nicht reich. Oder kennst du einen reichen Arbeiter?

Manche Leute sind fleißige Arbeiter, manche sind charmante Plauderer, manche sehen gut aus – kannst du mir mal in drei Sekunden deine Vorzüge schildern?

Arroganz:

Weißt du, wer noch arroganter ist als du? Eine Ameise, die den Fluß hinuntertreibt und dem Schleusenwärter befiehlt, er soll die Brücke hochziehen.

Ausrutscher:

Endlich wird's wieder Winter. Da fallen deine Ausrutscher wenigstens nicht so sehr auf.

Aussehen:

Und du bist ganz sicher, daß dich Frankenstein nicht als Gesellenstück eingereicht hat?

Wenn ich mir dich so ansehe, fällt mir die alte Weisheit ein: Häßlich währt am längsten.

Wer nichts ausläßt und alles mitnimmt, sieht hinterher ziemlich mitgenommen aus.

Du hast Haare auf der Brust? Na ja, das hatte King Kong auch!

Also wenn ich dich so ansehe, denke ich immer: Lieber von Picasso gemalt als so vom Schicksal gezeichnet.

*Vor dem Arzt solltest du dich hüten.
Der hat neulich die Begriffe »Operation« und
»Obduktion« durcheinandergebracht.*

Wie siehst du denn aus? Ist bei dir jetzt die Ästhetik ausgebrochen?

Ausstrahlung:
Sagt man dir nicht nach, du seiest der Typ mit dem gewissen Nichts?

Auto:
Hätte ich nicht gedacht, daß sich dahinter eine Rakete auf Rädern verbirgt. Ist ja auch nicht zu erkennen, weil du den Bremsfallschirm versteckt hast.

So schnell ist dein neuer Wagen? Ja, sag mal, kannst du denn für so hohe Geschwindigkeiten überhaupt schnell genug denken?

Dein neuer Wagen ist verdammt schön – deshalb paßt er auch irgendwie so gar nicht zu dir.

Wie machst du das, daß dein Kleinwagen immer so sauber ist? Steckst du ihn etwa in die Geschirrspülmaschine?

Baden:
Was heißt hier, du hast ein Bad genommen? Es fehlt doch gar keines.

Beamte:
So so, du bist bei der Post? Bei euch werden doch die Mitarbeiter schneller befördert als die Briefe.

Du hast's gut: wenn du mal tot bist, muß man dich nicht beerdigen, sondern nur umbetten.

Stimmt es, daß es in eurer Behörde kein Grünzeug mehr gibt, weil Pflanzen in Schlafzimmern ungesund sind?

Beispiel:
Mach dir nichts daraus: Denk immer daran, daß du noch als abschreckendes Beispiel dienen kannst.

Beleidigung:
Stammt die Narbe über dem Auge von deiner Gehirnamputation?

Mit so was wie dir hat man früher Katzen totgeschlagen.

Beliebtheit:
Mach dich einfach mal unbeliebt – dann nimmt man dich auch ernst.

Benimm:
Du bis zwar nie im Bild, fällst aber trotzdem dauernd aus dem Rahmen.

Beruf:
Du bist eine echte berufliche Doppelbegabung: faul und arrogant zugleich.

Als Beamter wärst du wahrscheinlich nicht geeignet, weil du beim Gehen die Füße nicht hochnimmst und deshalb mit deinem Geschlurfe immer deine Kollegen beim Büroschlaf stören würdest.

Du bist zwar strohdumm, aber als Verkäufer eine echte Kanone. Du würdest auch den Eskimos Kühlschränke verkaufen – wenn du nur wüßtest, wo die leben.

Besuch:
Bei mir kannst du dich ganz wie zu Hause fühlen. Aber bitte benimm dich nicht wieder genauso!

Zwei Unglücke kommen selten allein. Äh, ich meine: Nett, daß ihr beiden da seid.

Betrug:

Jemand wie du sollte es sofort mit Betrug versuchen – daß du ehrliche Absichten hast, glaubt dir nämlich sowieso keiner.

Wer dir die Hand schüttelt, muß hinterher seine Finger nachzählen.

Brille:

Ich finde dich mit der Brille wirklich gut. Jetzt hat man wenigstens einen Anhaltspunkt dafür, wo der Kopf ist.

Chef:

Du hast wohl 'nen Zweitwohnsitz in den Darmgewinden deines Chefs.

Denken:

Viele können denken, aber manchen bleibt es erspart.

Diät:

Ach, du machst eine Diät? Da wäre ich gar nicht drauf gekommen. Ich dachte immer, davon nimmt man ab.

Drohung:

Du brauchst mir gar nicht so mit der Faust zu drohen. Ich weiß genau, daß du nichts gegen mich in der Hand hast.

Dummheit:

Du bist so dumm, daß du glatt bei Laubsägearbeiten vom Baum gefallen sein könntest.

Natürlich ist man hinterher immer der Dumme. Aber ich fürchte, du warst das auch schon vorher.

Der von dir am meisten bestiegene Gipfel ist der der Dummheit.

Wenn du so klein wärst, wie du dumm bist, könntest du unter dem Teppich mit Stelzen laufen.

Wenn du so groß wärst, wie du dumm bist, könntest du bequem aus der Dachrinne des Empire State Building trinken.

Wenn man mit Dummheit Strom erzeugen könnte, würden sie dich als Kernkraftwerk anstellen.

Wenn du eine Fliege verschluckst, hast du mehr Hirn im Bauch als im Kopf.

Bei deiner Dummheit fragt man sich wirklich, ob du deinen Kopf nur hast, damit es nicht in den Hals hineinregnet.

Dummkopf:

Wenn du dir Watte in die Ohren steckst, kann man im wahrsten Sinne des Wortes von Hohlraumversiegelung sprechen.

Einfall:

Du hattest gerade einen Einfall, und er ist dir wieder entfleucht? Nun, vielleicht war es ihm zu einsam in deinem Kopf?

Man sagte dir ja schon in der Schule 'ne Menge origineller Einfälle nach – aber leider nur in der Rechtschreibung.

Einfalt:

Du bist so einfältig, daß du sogar Hefe in einen Fallschirm schütten würdest, damit der aufgeht.

Einsamkeit:

Vielleicht bist du nur deshalb so einsam, weil du zu geizig zur Zweisamkeit bist.

Einsam? Dann versuch's doch mal mit Kontaktlinsen.

Empfindsamkeit:

Wenn dir eine Laus über die Leber gelaufen ist, mußt du ja nicht gleich den Kammerjäger anrufen.

Erkältung:

Sei mit deiner Erkältung vorsichtig, mein Lieber! So ein Husten kann gefährliche Folgen haben – vor allem im Kleiderschrank!

Wenn deine Nase weiter so läuft, brauchst du keinen Arzt, sondern eher den Mann vom Wasser-Notdienst.

Mit so einer Erkältung dürftest du dich eigentlich nicht auf die Straße trauen: Wer so viele Bakterien verschleudert, fällt nämlich unter die Genfer Konvention über das Verbot biologischer Kampfwaffen.

Erstaunen:

Mich laust der Affe. Und du? Duschst du dich etwa selbst?

Fähigkeiten:

Du bist wirklich zu allem fähig – nur leider zu nichts zu gebrauchen.

Figur:

Du bist schlank wie eine Gazelle. Oder wie hieß dieses graue Tier mit dem langen Rüssel doch gleich?

Wenn du nicht nur dünn, sondern auch noch ein bißchen kleiner wärest, könntest du dich als Testfahrer bei Matchbox bewerben.

Fotoapparat:

Das mit dem eingebauten Sucher hast du mißverstanden. Natürlich kannst du deinen Fotoapparat trotzdem verlieren.

Frauen:

Es gibt keine häßlichen Frauen. Es gibt nur nüchterne Männer.

Es ist vollkommen überflüssig, Frauen wie dir zu widersprechen. Die schaffen das in Minutenschnelle selbst.

Freundschaft:

Klar bist du mein Freund: Ich kenne dich genau und mag dich trotzdem.

Lieber einen Freund verlieren als einen Gag verschenken!

Wer dich zum Freund hat, braucht keine Feinde mehr.

Friseur:

Du bist wohl mit einem Rasenmäher im Tiefflug zusammengestoßen.

Du warst beim Friseur? Und warum haben sie dich nicht drangenommen?

Hast du schon mal darüber nachgedacht, Schmerzensgeld von deinem Friseur zu verlangen?

Vermutlich war der Lehrling noch in der Probezeit. Und jetzt hat er sich mit deinem Schnitt die ganze Zukunft versaut.

Bei deinem Friseur frage ich mich, ob der früher mal Elektriker gewesen ist. Jedesmal, wenn du da 'rauskommst, siehst du so aus, als hättest du in die Steckdose gefaßt.

Fußball:
Bei dir ist Fußball wirklich das einzige, worüber man sich mit dir unterhalten kann. Aber dafür erkennst du alle Spieler der Nationalmannschaft am Geruch ihrer Socken.

Füße, eingeschlafene:
Was heißt da, dir ist der Fuß eingeschlafen? Dem Geruch nach müßte er schon längst tot sein.

Gehirn:
Dein Hirn auf Reiskorngröße bringen? Kein Problem: Blas' es auf!

Gehirnerschütterung:
Eigentlich müßte es dich doch unheimlich beruhigen, daß ein Hohlkopf wie du keine Gehirnerschütterung kriegen kann.

Geiz:
Du bist so geizig, daß du am liebsten sogar an deinem Schatten sparen würdest.

Gelegenheiten:

Du mußt ganz einfach die Gelegenheit beim Schopf packen. Dann kannst du auf 'ner Glatze Locken drehen, um einen freien Blick auf die Achillesferse zu haben.

Gesicht:

Bei dem Gesicht solltest du dich nur noch im Dunkeln heraustrauen, wenn deine Falten nicht so tiefe Schatten werfen.

Nichts gegen dein Gesicht: Aber ein Hintern gehört in die Hose.

Mit dem Gesicht solltest du dich um einen Ferienjob in der Geisterbahn umsehen.

Gewissen:

Weißt du, auch für dich kommt der Zeitpunkt, an dem dich dein Gewissen einholt.

So, so, du meinst, du hast ein reines Gewissen. Das glaub' ich dir gern – vermutlich benutzt du es nie!

Gleichheit:

Alle Menschen sind gleich – mir jedenfalls.

Wir beide leben zwar unter demselben Himmel. Aber du hast nicht meinen Horizont.

Glück:

Je dümmer einer ist, desto mehr Glück hat er, wenn du weißt, was ich meine.

Grinsen:

Ich glaube, bei ihm ist das gar kein Grinsen – wahrscheinlich leidet er unter Gesichtslähmung.

Herumtreiber:

Du kannst dich ja nur darüber freuen, daß deine Frau der festen Überzeugung ist, du treibst dich abends immer nur in irgendwelchen Kneipen herum.

Heulen:

Hör auf zu heulen – das war erst der Anfang!

Höflichkeit:

Höflichkeit ist immer gut. Aber man darf es damit nicht übertreiben, sonst wirkt es albern – also zum Beispiel, wenn du dich selbst mit Sie anredest.

Holzkopf:

Wieso hast du denn ein Pflaster am Finger? Hast du dir etwa beim Kopfkratzen einen Holzsplitter eingezogen?

Intelligenz:

Klar ist Intelligenz der größte Reichtum für einen wie dich. Aber tröste dich: Armut schändet nicht.

Mal 'ne ehrliche Antwort: Was sagst du als Unbeteiligter zum Thema Intelligenz?

Junggesellen:

Mit deinem harmonischen Leben kann es so nicht weitergehen. Du mußt unbedingt heiraten.

Kaviar:

Du stehst auf Kaviar? Mann, du bist ja rogenabhängig!

Kinder:

Ich glaube nicht, daß unsere Tochter das Lästermaul von dir geerbt hat, meine Liebe. Denn du hast es ja noch!

Kleidung:

Auch wenn in meinem Etablissement das Schild »No smoking« hängt, kannst du dich ordentlich anziehen, wenn du mich besuchst!

Dein Abendkleid ist wirklich interessant – aber nicht bei der Figur. Vielleicht solltest du einfach mal den Mut aufbringen, in einer Zeltnäherei arbeiten zu lassen.

Dein guter Anzug ersetzt noch lange nicht deinen schlechten Charakter.

Normalerweise kannst du dich ja ganz geschickt kleiden. Aber heute mußt du wohl doch irgendwie den Beutel für die Kleiderspende erwischt haben.

Klugheit:

Deine Klugheit ist so nervig wie Dauerbeleuchtung im Schlafzimmer

Konsequenz:

Du in deiner Konsequenz gehst selbst jeden Holzweg zu Ende.

Kopf hinhalten:

Ich halte doch nicht für etwas den Kopf hin, woran du dir nicht die Finger verbrennen willst.

Kopfschmerzen:

Kriegen eigentlich auch kopflose Menschen wie du manchmal Kopfschmerzen?

Körpergeruch:

Die schrecklichste Art von Selbstmord ist für mich, tief neben dir einzuatmen.

Langweiler:

Du bist zwar so langweilig wie ein Filzpantoffel, aber das hat auch sein Gutes: Du bist genauso leise.

Lebensweisheit:

Geboren wurdest du als Original. Sterben wirst du als Kopie.

Licht:

Was heißt: Licht ist, was man sehen kann? Dich kann man auch sehen, und du bist bestimmt keine Leuchte.

Liebe:

Du willst 'ne Bäuerin heiraten? Ist dir klar, daß du ihr dann dein Leben lang den Hof machen mußt?

Eigentlich müßtest du Chemiker sein, so oft wie du neue Verbindungen eingehst.

Ich find's ja auch schön, daß du verliebt bist, aber vergiß nicht: In deinem Zustand siehst du jeden Pickel als Grübchen an.

Lotto:

Du hast tatsächlich gewonnen? Dann mußt du jetzt deinen Namen ändern lassen: Wenn einem soviel Gutes widerfährt, nennt man ihn nämlich Onkel Dagobert.

Luft:

Du könntest 'ne Menge zur Reduzierung der Luftverpestung beitragen: Hör auf, auszuatmen!

Lüge:

Klar glaube ich dir. Der Taube hörte ja auch den Stummen erzählen, daß der Blinde sah, wie der Lahme davonrannte.

Männer:
Für viele Ehefrauen ist ihr Mann das, was das Mistbeet für den Gärtner ist.

Mauerblümchen:
Was nutzt es dir, ein dummes, häßliches Mauerblümchen zu sein, wenn du dabei nicht glücklich bist?

Medizin:
Mit der Medizin kannst du nachts wieder prima schlafen. Du mußt sie allerdings alle zwei Stunden einnehmen.

Meinung:
Und von wem hast du deine Meinung?

Miesmuffel:
Manchmal hat man den Eindruck, du vermeidest das Lachen deshalb, weil du fürchtest, davon Ausschlag zu bekommen.

Mond:
Du bist wie der Mond: einmal im Monat hell – und das nur, wenn du voll bist!

Musik:
Also ehrlich: Ich finde dein Klavierspiel irre. Mal ganz nebenbei – hast du 'ne Ahnung, wie man ein Piano mit dem Vorschlaghammer stimmt?

Muttertag:
Du könntest deiner Mutter zum Muttertag ein ganz tolles Geschenk machen: Erspar ihr deinen Besuch.

Nägelkauen:

An deinen Nägeln mußt du aber ganz schön lange kauen, ehe du satt bist.

Nasebohren:

Also ich glaube, die einzige Art, in sich zu gehen, ist bei dir das Nasebohren.

Neid:

Dein Neid ist doch bloß der Ärger über den Mangel an Gelegenheit zur Schadenfreude.

Ohren:

Nichts gegen deine Ohren – aber Chips gehören in die Tüte.

Opportunismus:

Du gehörst zu den Leuten, die sogar noch von dem Kakao trinken, durch den man sie zieht.

Pech:

Tja, mein Lieber – Pechvögel zerschellen am Kap der Guten Hoffnung.

Planung:

Jetzt sei doch nicht so verbiestert – plan doch mal was ganz Spontanes!

Plaudertasche:

Wenn man bei dir mal zu Wort kommen will, muß man Geduld haben – und die Pause abwarten, die du zum Luftholen brauchst.

Pubertät:

Bei dir ist der zeitliche Abstand zwischen Pubertät und Midlife Crisis gleich null.

Raffgier:

Du bist wie ein Gerichtsvollzieher: Alles, was du siehst, willst du haben.

Ratschlag:

Der einzige Ratschlag, der dir noch helfen kann, ist der Schlag auf den Hinterkopf.

Rauchen:

Hier ist Rauchen verboten. Könntest du bitte deinen Krebs draußen füttern?

Siehst du die Gräber in der Ferne? Das waren welche, die rauchten gerne.

Es stört mich überhaupt nicht, wenn Sie schon rauchen, während ich noch esse. Ich möchte Sie nur bitten, nicht auf meinen Teller zu aschen.

Restaurant:

Herr Ober, das war die beste Wassersuppe meines Lebens!

Rollkragenpullover:

Vermutlich trägst du nur deshalb so gern Rollkragen-Pullis, damit man das Schraubgewinde von deinem Holzkopf nicht sieht.

Rücksicht:

Ich tu' das wirklich nicht gern und will Rücksicht nehmen. Aber besser, deine Mami weint als meine.

Schonung:

Wenn du nicht willst, daß ich dir's tu, dann füg' ich's einem anderen zu.

Schule:

Wenn du nicht gelegentlich von der Schule erzählen würdest, käme man nie darauf, daß du eine besucht hast.

Die Sechs in Latein ist vermutlich deine einzige persönliche Note.

Kennst du den Unterschied zwischen kostenlos und umsonst? Meine Schulbildung war kostenlos. Deine umsonst.

Schweigen:

Schweig, wenn du mit mir redest.

Stammbaum:

Ihr müßt einen ziemlich großen Familien-Stammbaum haben. Und ich wette, die meisten aus deiner Verwandtschaft wohnen sogar noch darauf.

Stimme, innere:

Du solltest dein Magenknurren nicht jedesmal für deine innere Stimme halten.

Studium:

Sage mir, welchen Titel du hast – und ich sage dir, wer in der Uni neben dir gesessen ist.

Supermarkt:

Wer ein so unfreundliches Gesicht wie Sie hat, sollte nicht andere Leute bedienen wollen.

Tischmanieren:

Typisch für dich: Wenn du die Butter hast, wirst du frech.

Undank:

Was habe ich dir nicht alles Gutes getan. Aber so ist es nun mal: Wenn die Sonne auf den Misthaufen scheint, so dankt er mit Gestank.

Unterschied:

Kennst du den Unterschied zwischen dir und Mallorca? Über Mallorca lacht die Sonne. Über dich die ganze Welt.

Verkehr:

He – da vorne ist grün. Jetzt fahren Sie doch endlich los. Oder gefällt Ihnen vielleicht die Farbe nicht?

Wagnis:

Hast du 'ne Wiege? Dann laß uns was wagen.

Warnung:

Schnauze, sonst Beule!

Worte:

Deine Worte sind ja recht und schön. Aber Hühner legen Eier.

Zukunft:

Du brauchst echt keine Angst vor der Zukunft zu haben. Was soll schon schlimmer sein als die Gegenwart?

Zwischenrede:

Habe ich gerade etwas von Würstchen erzählt, weil du deinen Senf dazugeben mußt?

Du bist so unsportlich, daß du dich nicht mal selbst auf den Arm nehmen kannst.